Martina Prutscher

Ein umfassendes Arbeitsbuch für Anfänger und Fortgeschrittene

CongaBuch

Basics

Übungen

Rhythmen

Ensemble

Koordination

Fills/Solo

mit CD

Martina Prutscher

Geboren und aufgewachsen am Bodensee
Diplom der Latin Percussion School, München
Studienaufenthalt in Guinea, West-Afrika
Percussionistin in Latin-, Funk-, Soul-, Pop- und Jazz-Bands
Mitwirkung an Studio-, Film- und Fernsehproduktionen
Lehrtätigkeit an der Fachhochschule München
Internationale Workshopleiterin und Percussionlehrerin
www.martinaprutscher.de

Impressum

© 2004 by Edition DUX, Manching
D 405 / ISMN 979-0-50017-007-5 / ISBN 978-3-934958-13-5

Notensatz:
Martina Prutscher, München

Gestaltung:
Jaskiela Medienagentur GmbH, Speyer

Fotos:
Nikola Konstantin, München

CD-Produktion und Einspielung:
Martina Prutscher, München

CD-Aufnahme und Mischung:
Florian H. Oestreicher, Realistic Sound Studio, München

Umschlaggestaltung:
Rauchbauer & Partner Werbeagentur GmbH, Gaimersheim

INTRO

Dieses Buch richtet sich an alle, die sich für das Congaspielen interessieren oder schon davon begeistert sind und nach Anregungen, Ideen und einer Sammlung von Rhythmen suchen. Es enthält eine geballte Ladung an Stoff, der ganz nach eigenen Wünschen durchgearbeitet werden kann.

Die Inhalte sind Basics, Übungen, Rhythmen, Partituren für Percussion Ensembles, Koordination sowie Fills und Solofiguren. Diese Themen sind in einzelnen Kapiteln übersichtlich zusammengefasst.

Das **Congabuch** ist für Anfänger, Leute mit etwas Spielerfahrung und Fortgeschrittene gleichermaßen geeignet. Es zeigt die vielen Möglichkeiten der Congas in den unterschiedlichsten Musikrichtungen und bietet Percussionlehrerinnen und -lehrern Material für Workshops, Einzel- und Gruppenunterricht.

Ich würde mich freuen, wenn das **Congabuch** eine Inspiration für die Auseinandersetzung mit diesen wunderbaren Instrumenten sein könnte.

Viel Spaß und Erfolg wünscht
Martina Prutscher

INHALT

Kapitel 5 **Percussion Ensemble** 167

Traditionelle Rhythmen mit mehreren Stimmen

Kapitel 6 **Koordination**

Unabhängigkeitsübungen 191

Kapitel 7 **Fills, Solotechnik** 213

Anhang

NAVIGATION DURCH DAS BUCH

Das **Congabuch** enthält eine riesige Sammlung von Noten, die zwar in einer bestimmten Abfolge geordnet sind, sich aber nicht unbedingt zum chronologischen Durchgehen anbieten. Konzept dieses Buches ist es, ganz individuell damit zu arbeiten.

Aus den einzelnen Themengebieten, die in Kapiteln zusammengefasst sind, kann man sich die Seiten, je nach Spielerfahrung und Interesse, selbst zusammenstellen. So lässt sich ein Übungs- und Spielprogramm aufbauen, das ganz den eigenen Bedürfnissen angepasst ist.

1 EINLEITUNG

DIE SOUNDS DER CONGA

Die Congas sind Instrumente afrikanischen Ursprungs, die sich in Cuba zu der heute bekannten Form entwickelt haben und inzwischen in vielen Musikstilen gespielt werden. **Conga** (auch Tumbadora genannt), ist der Überbegriff, der abhängig von der Kessel- und Fellgröße noch näher definiert werden kann:

Die **Conga** ist die mittlere der drei in ihrer Tonhöhe unterschiedlichen Trommeln. Die tiefe Trommel heißt **Tumba,** die hohe **Quinto.** Wie die einzelnen Congas genannt werden ist, außer von der Größe, noch abhängig von ihrer Relation zueinander.
Die verschiedenen Töne (Sounds genannt), die auf der Conga gespielt werden, sollen hier nun gezeigt und erklärt werden.

Bass

Beim Bass trifft die ganze ausgestreckte Hand die Mitte des Fells und bleibt dort einen Moment liegen.

Es entsteht ein tiefer, dumpfer Ton, der hauptsächlich vom Handteller erzeugt wird. Die Hand soll dabei möglichst flach und platt das Fell berühren. Je tiefer die Conga (bzw. Tumba) gestimmt ist, desto „bassiger" klingt dieser Sound. Der Daumen liegt an der Hand an. Er hat auch bei allen anderen Sounds lediglich eine passive Rolle und ist auf keinen Fall abgespreizt.

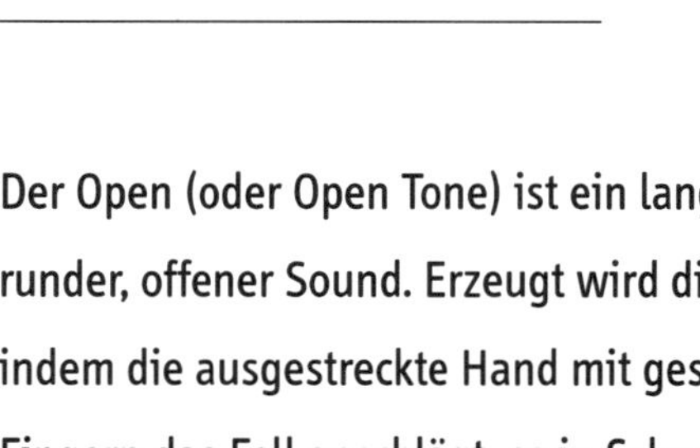

Open

Der Open (oder Open Tone) ist ein lang klingender, runder, offener Sound. Erzeugt wird dieser Ton, indem die ausgestreckte Hand mit geschlossenen Fingern das Fell anschlägt, es in Schwingung versetzt und dann automatisch zurückfedert (Rebound). Die Finger bleiben nicht liegen. Für einen vollen, kräftigen Open ist es wichtig, dass die Finger in ihrer ganzen Länge (also nicht nur die Fingerspitzen) das Fell anschlagen. Die Handfläche bleibt dabei außerhalb, der obere Teil des Handtellers befindet sich am Fellrand. Um die beste Position für diesen Sound herauszufinden, empfiehlt es sich etwas zu experimentieren, da jede Hand anatomisch anders geformt ist und minimale Verschiebungen auf dem Fell große Unterschiede im Klang bewirken können.

Tip

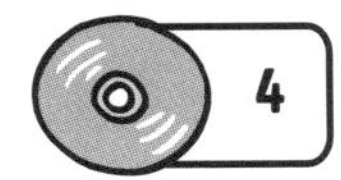

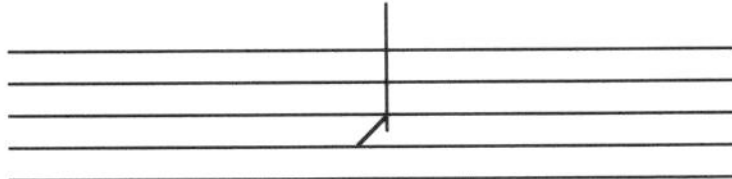

Beim Tip (oder Fingertip) liegt die Hand auf dem Fell, die Finger werden angehoben und bewegen sich dann kurz nach unten, sie tippen das Fell an. Dieser Sound ist im Vergleich zu den anderen relativ leise und wird z. B. auch eingesetzt, um die nicht notierten Stellen zwischen den Schlägen anzudeuten, die sogenannten „Ghostnotes".
Tips werden nicht nur in der Mitte des Fells gespielt, sondern auch am Rand, in der Position wie Open Tones und Slaps. Außerdem ist der Tip ein Bestandteil der Floating Hand-Bewegung, die nachfolgend noch beschrieben wird.

Floating Hand

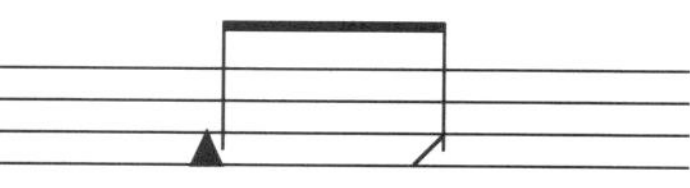

Floating Hand ist eine Kombination aus den beiden Sounds Bass und Tip. Diese Doppelbewegung ist wichtiger Bestandteil vieler cubanischer Rhythmen, allen voran dem Tumbao.

Die Floating Hand-Bewegung besteht aus drei Phasen: Zuerst trifft die ganze ausgestreckte Hand auf das Fell und erzeugt mit dem Handteller den Bass. Dann werden die Finger angehoben und spielen den Tip, anschließend wird die ganze Hand wieder vom Fell abgehoben. Je mehr das Tempo dieses Ablaufes gesteigert wird desto kürzer wird die Phase in der Luft, bis die Hand schließlich komplett am Fell bleibt und sich wie eine Wippe hin und her bewegt.

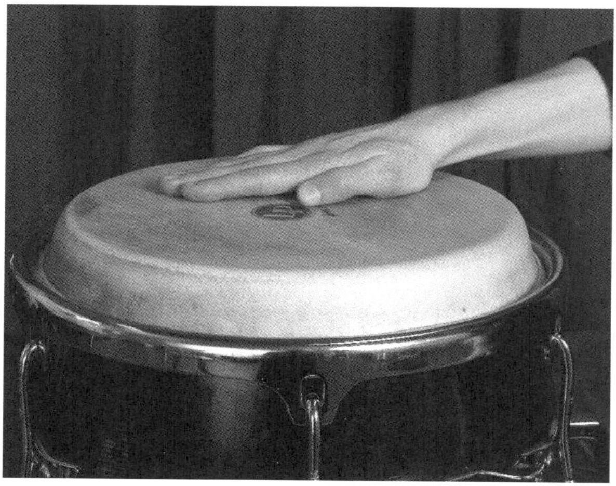

Floating Hand Phase 1

Phase 2

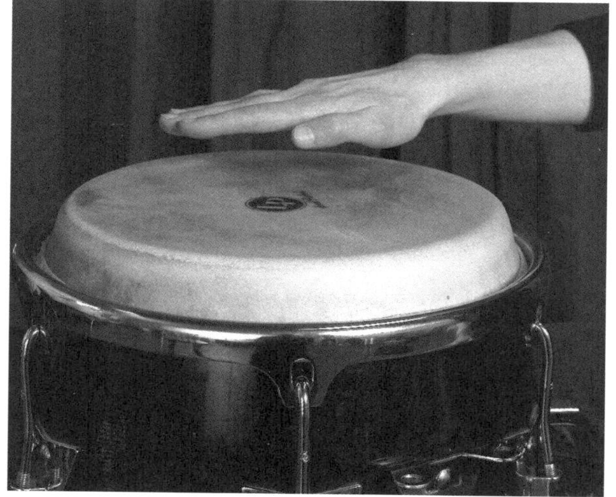

Phase 3

Slap

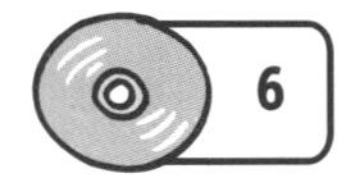

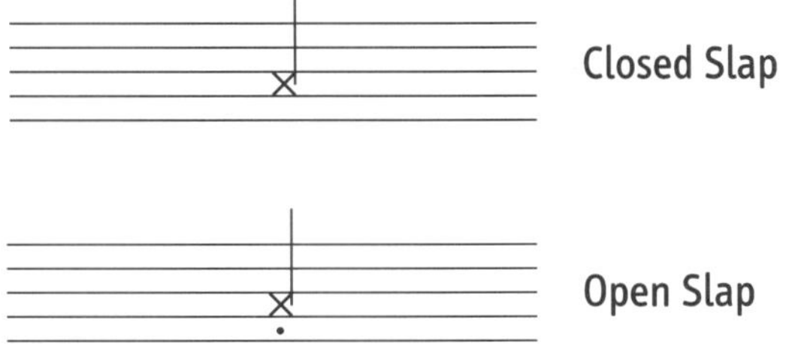

Closed Slap 1

Closed Slap 2: Die linke Hand dämpft zusätzlich das Fell in der Position ab, in der der Bass gespielt wird.

Open Slap

Der Slap ist ein hoher, scharfer, kurzer und schnalzender Sound. Im Gegensatz zu allen anderen Tönen ist die Hand dabei nicht flach ausgestreckt, sondern hat die Form eines Daches, d.h. die Finger werden am Übergang zur Handfläche abgeknickt, bleiben aber gestreckt.

Die Fingerspitzen erzeugen den Ton, die Bewegung soll mit Schwung aus dem Handgelenk ausgeführt werden, der Handballen trifft dabei auf den Rand des Fells.

Es wird hier zwischen zwei verschiedenen Arten von Slaps unterschieden: Dem Closed Slap (bei dem die Fingerspitzen nach dem Anschlag für einen Moment auf dem Fell liegen bleiben) und dem Open Slap, der offen klingt (die Fingerspitzen federn, nachdem sie das Fell berührt haben, zurück, ähnlich wie beim Open Tone).

Muffled

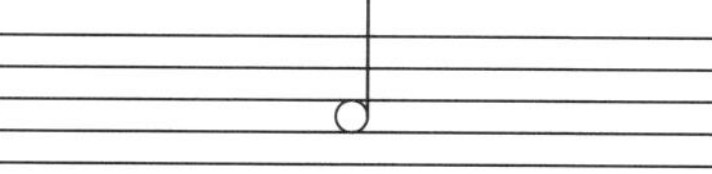

Der Muffled ist ein trockener, kurzer und abge-
dämpfter Ton. Er ist von der Spieltechnik mit dem
Open verwandt, mit dem Unterschied, dass die
Finger nach dem Anschlagen liegen bleiben und
etwas Druck auf das Fell ausüben.

Die Sounds der Conga im Überblick

Bass 

Open 

Tip 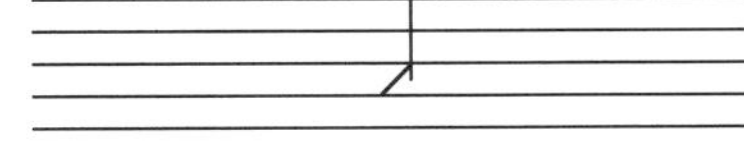

Slap 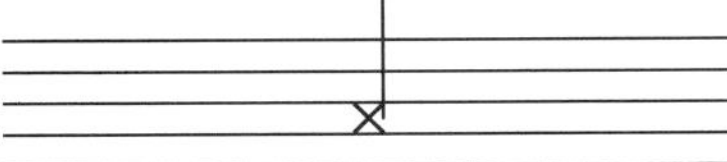

Open Slap 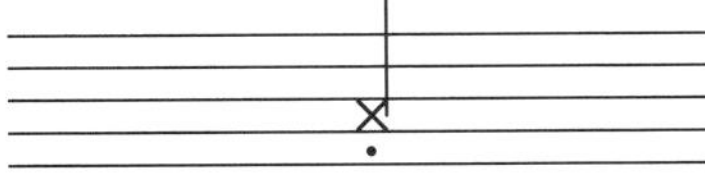

Muffled 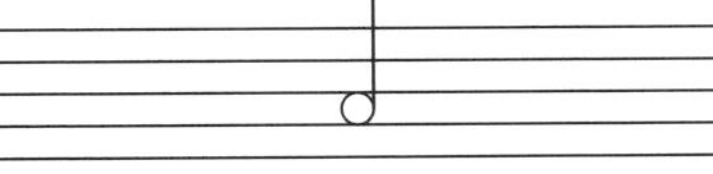

Die Ebenen für Conga und Tumba

Die Conga (hohe Trommel) wird in der Notenzeile notiert, die bei einem Melodie-Instrument der Note A entspricht.

Bass, Slap und Open auf der Conga

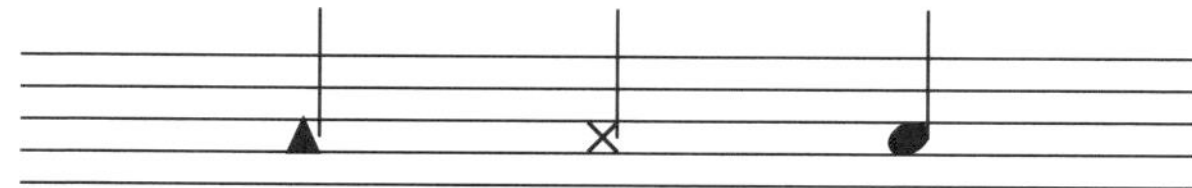

Die Tumba (tiefe Trommel) wird in der Notenzeile notiert, die der Note D entspricht.

Bass, Slap und Open auf der Tumba

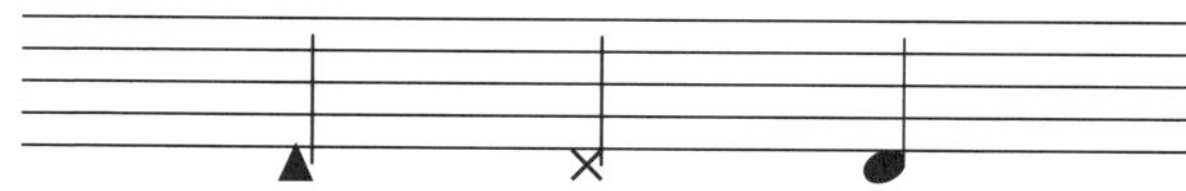

Manche Rhythmen werden mit einer kombinierten Hand-Stick-Technik gespielt. Das Symbol für den Stick, der auf den Rand der Conga schlägt, sieht so aus:

Rim / Stick

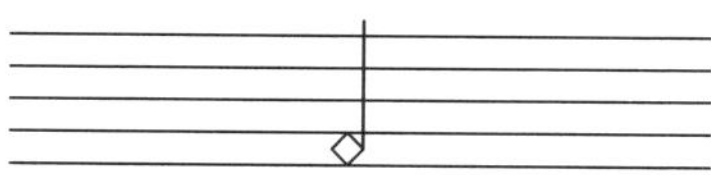

Der Rim / Stick wird in der Notenzeile notiert, die der Note F entspricht.

POSITION UND HALTUNG

Die Rhythmen und Übungen dieses Handbuches werden auf einer oder zwei Congas gespielt. Hier wird nun die Sitzhaltung und Position der Trommeln beschrieben: RechtshänderInnen haben die Conga vor sich im Zentrum stehen, sie wird mit den Beinen gehalten und leicht nach vorne gekippt (vom Körper weg). Die Tumba steht rechts daneben.

Der Rücken soll aufrecht und gerade sein. Die Schultern und der Nackenbereich sind entspannt und beide Arme hängen seitlich locker nach unten. Die Arme bilden vom Ellenbogen über den Unterarm bis zu den Fingerspitzen eine Linie. Das Handgelenk ist dabei weder nach rechts oder links verdreht, noch nach unten oder oben abgeknickt.

Die verschiedenen Sounds sollen möglichst leicht und ohne Anstrengung gespielt werden. Die Qualität des Klangs entwickelt sich durch kontinuierliches Üben und braucht viel Geduld und Ausdauer. Die Hände, Arme und Schultern müssen sich erst langsam an die Bewegungen gewöhnen, deshalb ist es anfangs besser, in mehreren kleinen Einheiten zu üben als zu lange am Stück. Man sollte darauf achten, nicht mit zu viel Kraft zu schlagen, um keine Überbeanspruchung der Sehnen und Gelenke zu riskieren. Geschwindigkeit spielt zuerst überhaupt keine Rolle, viel wichtiger ist die genaue Ausführung der Schläge und die Ausgewogenheit der Sounds von rechter und linker Hand.

Zu den Congasounds gibt es abschließend noch zu bemerken: Die Spieltechnik eines Instrumentes in einem Buch zu vermitteln, ist eine theoretische Angelegenheit und kann kein wirklicher Ersatz für guten, lebendigen Unterricht sein. Gerade in der Anfangsphase ist es wichtig, Fehler sofort zu erkennen und zu korrigieren, um sich später nicht mühevoll die falsche Technik abgewöhnen zu müssen. Deshalb rate ich allen (auch den Autodidakten) zu einigen Unterrichtsstunden bei einem Profi.

STIMMEN

Jede Conga hat einen bestimmten Frequenzbereich, in dem sie am besten klingt. Es empfiehlt sich auszuprobieren, in welcher Stimmlage die Instrumente einem am besten gefallen und wie sie zur Musik passen. Als Intervall (Tonabstand) zwischen zwei Congas kann eine Terz oder eine Quart gewählt werden. Wann und wie oft gestimmt werden muss, hängt von verschiedenen Faktoren ab. Die Felle der Congas sind aus Büffel- oder Rinderhaut gefertigt. Diese Naturprodukte reagieren auf Temperaturschwankungen und Veränderung der Luftfeuchtigkeit, indem sie sich zusammenziehen oder ausdehnen. Ich stimme meine Instrumente vor dem Spielen und entspanne sie danach. Wenn sie sich in einem klimatisch ausgewogenen Raum befinden, müssen sie nicht so oft gestimmt werden. Wichtig ist auf jeden Fall, die Felle vor dem Transport zu entspannen.

Beim Stimmen ist es gut, in kleinen, gleichmäßigen Schritten vorzugehen und zwischendurch immer wieder den Sound zu überprüfen. Die Schrauben mit dem Stimmschlüssel jeweils eine halbe Drehung festziehen und dabei entweder der Reihe nach vorgehen oder als nächstes die gegenüberliegende Schraube wählen. Um die Spannung im Fell auszugleichen, kann man ab und zu mit der Faust in die Mitte schlagen. Beim Entspannen funktioniert das Ganze in umgekehrter Reihenfolge. Mit der Zeit bekommt man Routine und ein gutes Feeling dafür, die Congas schön zu stimmen.

NOTATION

Die Notation orientiert sich an der allgemeinen Notenschrift und wird auf den folgenden Seiten kurz beschrieben. Die Erklärungen beschränken sich auf die für dieses Buch relevanten Informationen. Die Notenköpfe werden durch verschiedene Symbole ersetzt und stellen die Sounds der Conga dar. Der Handsatz unter jeder Notenzeile gilt für RechtshänderInnen, LinkshänderInnen drehen ihn um.

Notenwerte und Pausen

Punktierte Notenwerte und Pausen

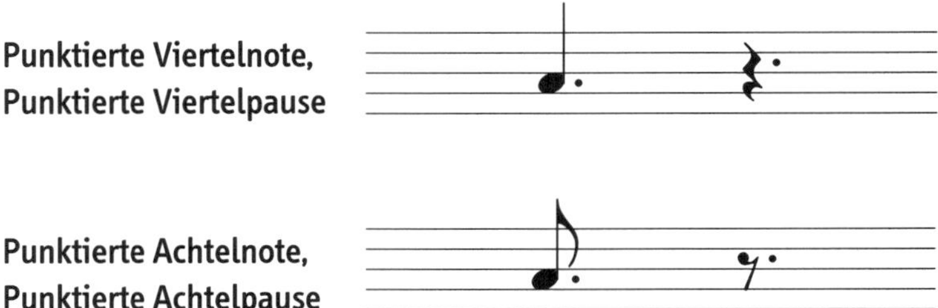

Punktierte Viertelnote,
Punktierte Viertelpause

Punktierte Achtelnote,
Punktierte Achtelpause

Ein Punkt verlängert eine Note (oder eine Pause) um die Hälfte ihres Wertes.

Specials

Akzent

Die Note mit Akzent wird betont, d.h. sie wird lauter gespielt als die anderen.

Flam

Flam ist die Bezeichnung für eine Note, die aus zwei dicht aufeinanderfolgenden Schlägen besteht. In der Klassik wird der Flam auch kurzer Vorschlag genannt.

Ruff

Ein doppelter Flam (oder doppelter kurzer Vorschlag) wird auch Ruff genannt.

Notenwerte im 4/4-Takt

EINLEITUNG · BASICS · ÜBUNGEN · RHYTHMEN · ENSEMBLE · KOORDINATION · FILLS | SOLO · ANHANG

BEAT

Der Beat in verschiedenen Taktarten

Der Beat (oder Puls) unterteilt einen Takt in rhythmische Einheiten. Die Voraussetzung für das Verständnis von Rhythmen liegt im Wissen um den Beat. Während des Spielens läuft er gefühlt oder im Fuß geklopft mit, auch wenn die Hände ganz andere Schläge betonen.

4 / 4-Takt

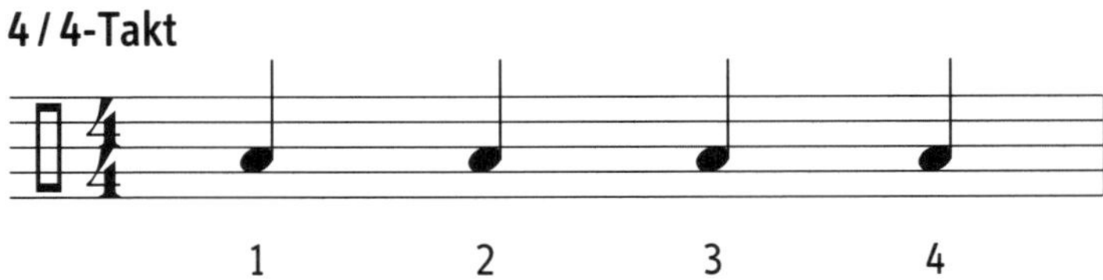

2 / 4-Takt

6 / 8-Takt

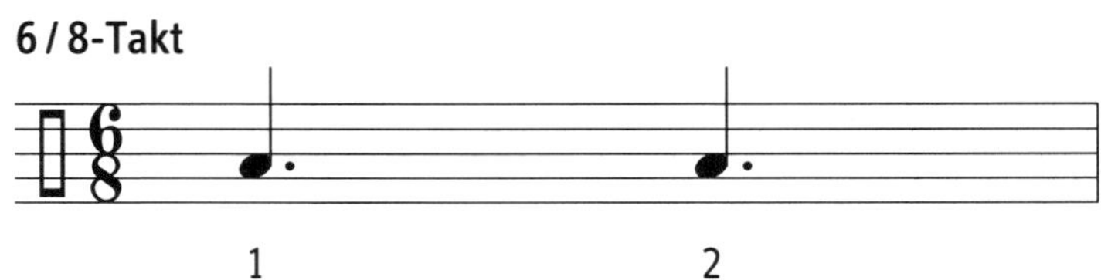

12 / 8-Takt

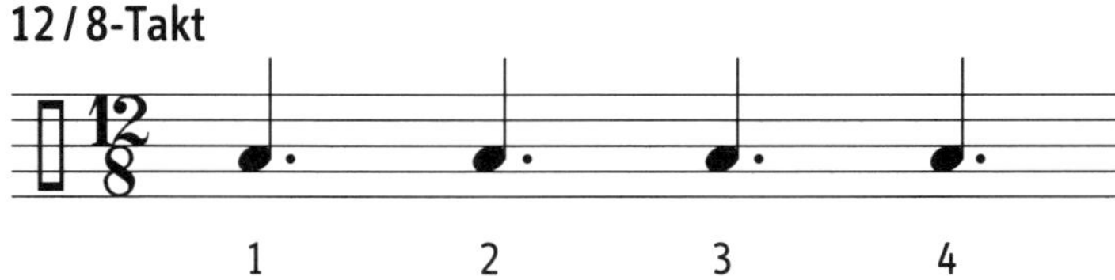

Off-Beat

Der Off-Beat ist der Schlag, der genau zwischen zwei Beats liegt. Er kann beim Zählen durch „und" markiert werden.

Alla-breve

Im alla-breve-Takt werden die halben Noten gezählt (oder geschlagen). Salsa-Noten sind im Allgemeinen in alla-breve notiert, das Notenbild wirkt dadurch übersichtlicher. Auch in diesem Buch sind einige Rhythmen als alla-breve-Takte aufgeschrieben. Die Art der Notierung ändert nichts am Klang oder Charakter eines Rhythmus.

CLAVE

Beginnt man Conga zu spielen, so wird man irgendwann unweigerlich auf die Clave-Figur stoßen. Sie wird traditionell zwar nicht auf den Congas gespielt, hat aber eine so bedeutende Rolle, dass sie an dieser Stelle ausführlicher erklärt werden soll.

Die Instrumente und die Spieltechnik

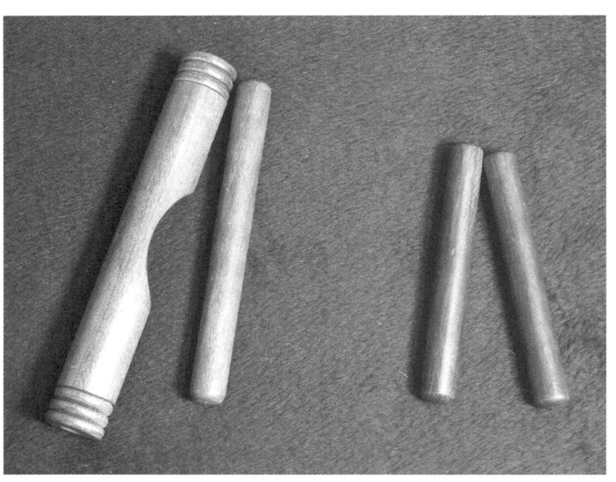

Claves nennen sich die beiden runden Klanghölzer, auf denen das Clave-Pattern gespielt wird. Es gibt sie in verschiedenen Größen und Hartholzvarianten. Eines der Clave-Hölzer wird gehalten (die Hand bildet dabei eine Art Resonanzkörper, um das Klangvolumen zu vergrößern), die andere Hand (bei Rechtshändern die rechte) schlägt mit dem zweiten Clave-Holz im rechten Winkel darauf und erzeugt einen klaren, durchdringenden Ton.

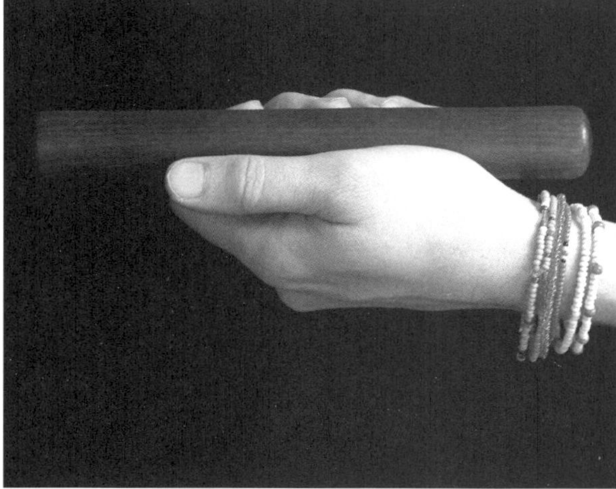

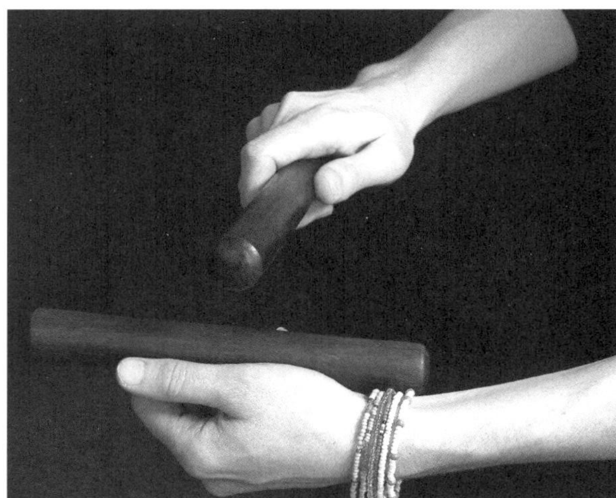

Die Bedeutung

Die Ursprünge der Clave liegen in Afrika. Ihre heutige Bedeutung hat sich in Cuba entwickelt, wohin
das afrikanische Erbe durch die Sklaven gelangte, um sich dort mit Einflüssen der verschiedenen Musik-
kulturen zu vermischen.

Die Clave spielt als Guideline eine zentrale Rolle in der afro-cubanischen Musik und alle Instrumente in
einer Band richten sich nach ihr. Selbst wenn sie in modernen Salsabands nicht als durchgehendes Pattern
hörbar ist, so sind doch alle Stücke auf der Clave aufgebaut.

Das Pattern

Die Clave ist ein zweitaktiges Pattern, das aus einem 3er- und einem 2er-Teil besteht. Das bedeutet, dass
im 3er-Teil drei Schläge und im 2er-Teil zwei Schläge gespielt werden. Die beiden Takte sind in ihrer
Abfolge variabel, so dass ein Stück in Clave 3/2 geschrieben sein kann, ein anderes in Clave 2/3. Die Clave
ändert sich innerhalb eines Songs nicht. Selbst wenn ein Break aus einer ungeraden Taktzahl besteht, läuft
sie weiter durch. Dadurch kann es vorkommen, dass ein Part eines Stückes in 2/3 und der nächste in 3/2
gespielt wird.

Clave de Son und Rumba Clave

An erster Stelle soll die Clave de Son oder Son Clave vorgestellt werden. Sie kommt, wie der Name schon
andeutet, in den Musikstilen Son, Son Montuno etc. vor:

3/2-Clave de Son

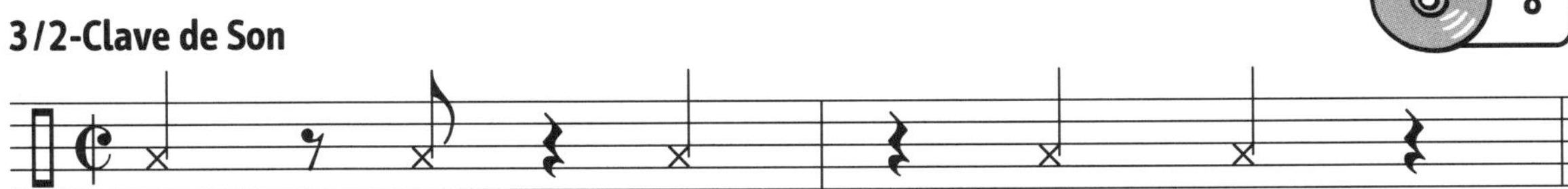

2/3-Clave de Son

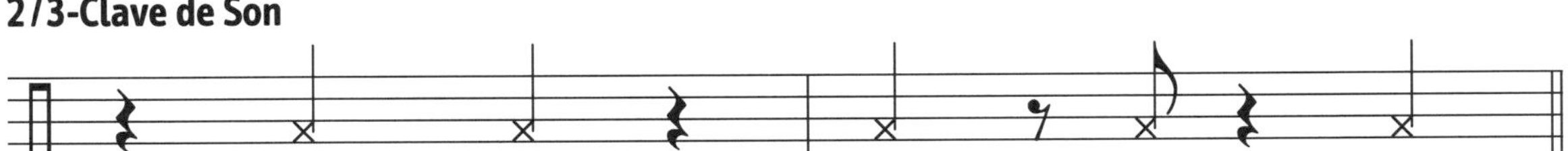

Wenn sich der letzte Schlag im 3er-Teil um eine Achtel nach hinten verschiebt, wird aus der Clave de Son die Rumba Clave. Sie gehört zu Rhythmen wie Guaguancó, Yambú, Mozambique, Songo etc.:

3/2-Rumba Clave

2/3-Rumba Clave

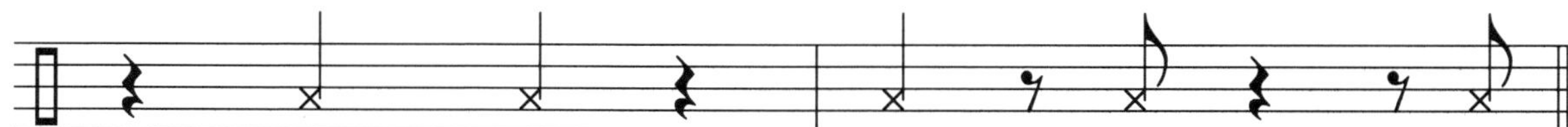

6/8-Clave und 6/8-Afro-Bell

Die Clave-Figur kann außerdem auch in einem 6/8-Feeling gespielt werden. Es gibt diese beiden Möglichkeiten:

6/8-Clave, 1

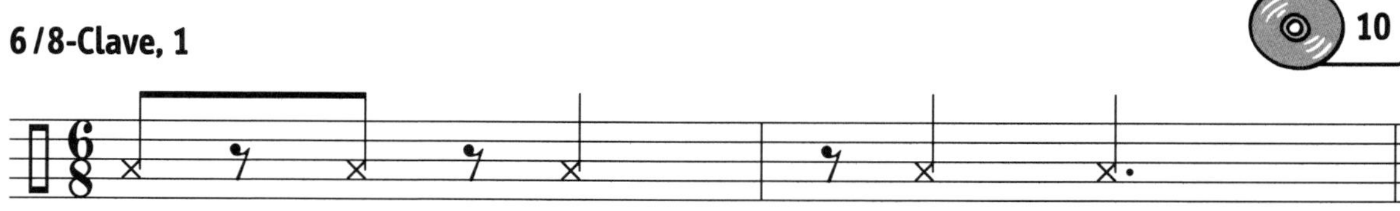

6/8-Clave, 2

Die folgende Figur ist eine bekannte Guideline für 6/8- und 12/8-Rhythmen, die Afro-Bell:

6/8-Afro-Bell

CÁSCARA

Auch die Cáscara ist, ebenso wie die Clave, eine Figur, die üblicherweise nicht auf den Congas gespielt wird. Man spielt sie mit Sticks auf Timbales. Die Cáscara besteht auch aus einem 3er- und einem 2er-Teil und ist auf diese Weise mit der Clave verbunden. Sie kann zusammen mit der Clave de Son und auch mit der Rumba Clave gespielt werden.

Timbales

3/2-Cáscara

2/3-Cáscara

3/2-Cáscara & Clave de Son

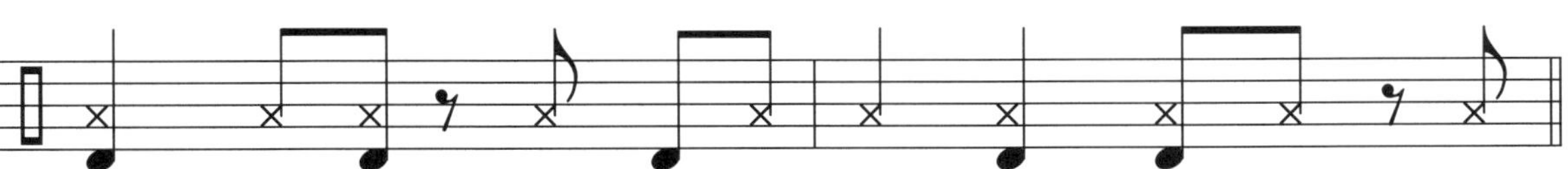

2/3-Cáscara & Clave de Son

HANDSÄTZE

Beim Congaspielen gibt es verschiedene Handsätze, die begrifflich voneinander unterschieden werden. Die einzelnen Arten dieser Handsätze sind unabhängig von den Sounds. So kann dieselbe Übung mit unterschiedlichen Handfolgen gespielt werden.

1) Singles (Single Strokes)

Viele Rhythmen und Übungen basieren auf dem hand-to-hand-Prinzip, also dem abwechselnden Spielen der rechten und linken Hand:

R L R L oder **L R L R**

2) Doubles

Eine weitere Möglichkeit ist das zweimalige Schlagen jeder Hand:

R R L L oder **L L R R**

3) Paradiddles

Ein drittes Handsatzsystem sind die Paradiddles. Sie bestehen aus einer Mischung von Singles und Doubles:

R L R R   L R L L

4) Doubleparadiddles

Die Paradiddles können noch auf vielfältige Weise verändert werden, indem man sie verschiebt, verdoppelt oder verdreifacht. Doubleparadiddles sind:

R L R L R R   L R L R L L

5) Tripleparadiddles

Der Handsatz von Tripleparadiddles lautet:

R L R L   R L R R   L R L R   L R L L

Natürlich gibt es noch weiter Variationsmöglichkeiten in der Handfolge, die jedoch nicht alle mit eigenen Namen bezeichnet werden.

2 BASICS

Dieses Kapitel bietet einen Einstieg für alle, die noch keine Spielerfahrung haben.

Hier werden einfache Übungen vorgestellt. Es gibt Noten zu den einzelnen Sounds

und deren Kombinationsmöglichkeiten. Leichte Rhythmen vermitteln gleich von Anfang

an den Spaß am Spielen. Alle Übungen in diesem Kapitel sind für nur eine Conga.

1

Bass & Open, 1

1.

2.

3.

4.

*) Um das Gehörte sofort nachspielen zu können, läuft im Kapitel „Basics" der Beat nach jeder Übung weiter.

2

Bass & Open, 2

1.

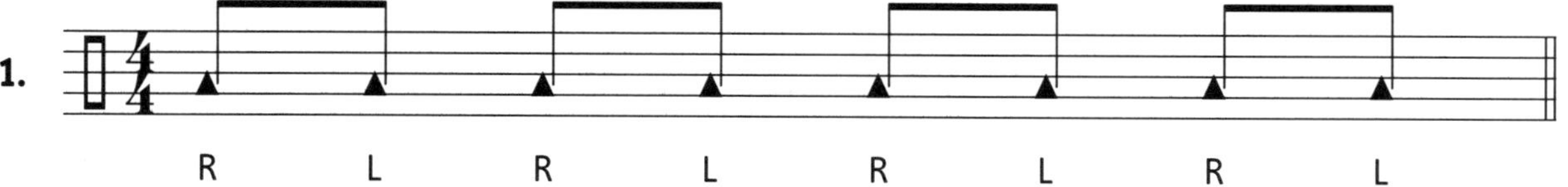

2.

3.

4.

3

Basic Groove

1. 

2. 

3. 

4. 

Mit den beiden Sounds Bass und Open können nun verschiedene Patterns gespielt werden, so z.B. diese etwas vereinfachte Version eines traditionellen westafrikanischen Grooves.

*) Nr. 4 wird zusätzlich 4x gespielt.

4

Doubles

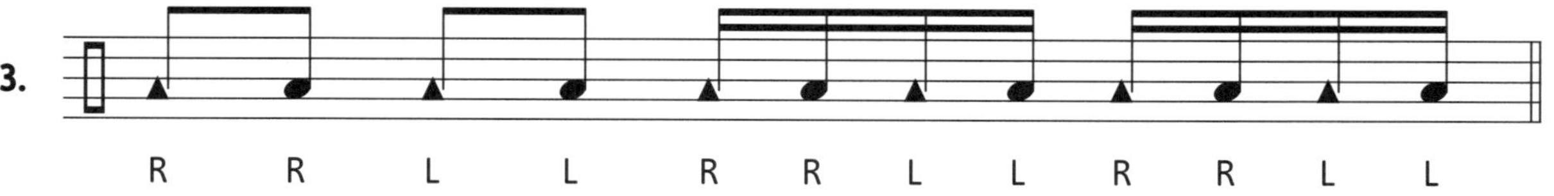

Hier wird zum ersten Mal ein anderer Handsatz als das abwechselnde „hand-to-hand"-Spielen vorgestellt: Doubles. Jede Hand schlägt zweimal hintereinander. Im Kapitel „Übungen" sind diesem Thema noch weitere Seiten gewidmet.

5

Slap

1.
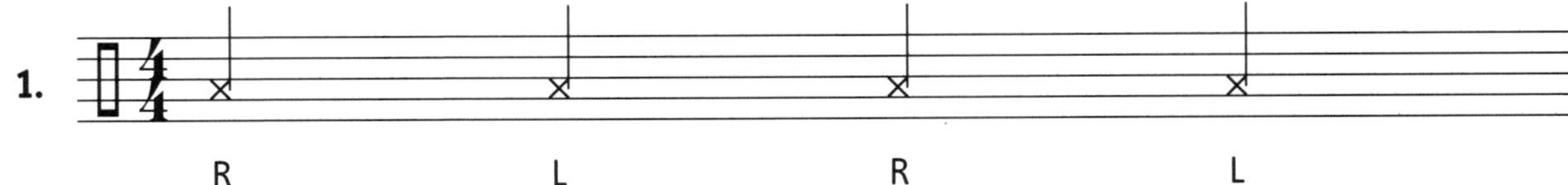

2.
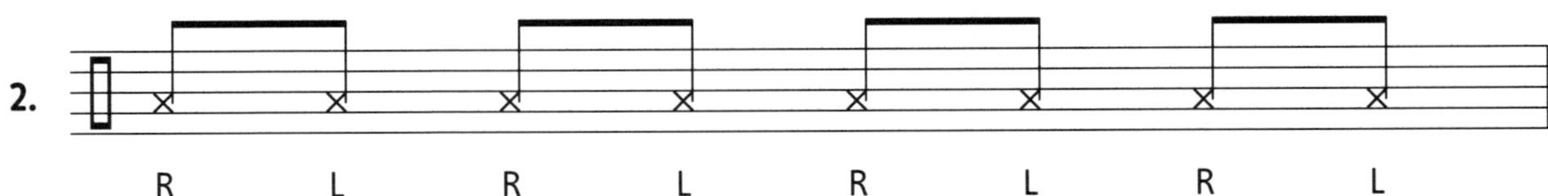

3.
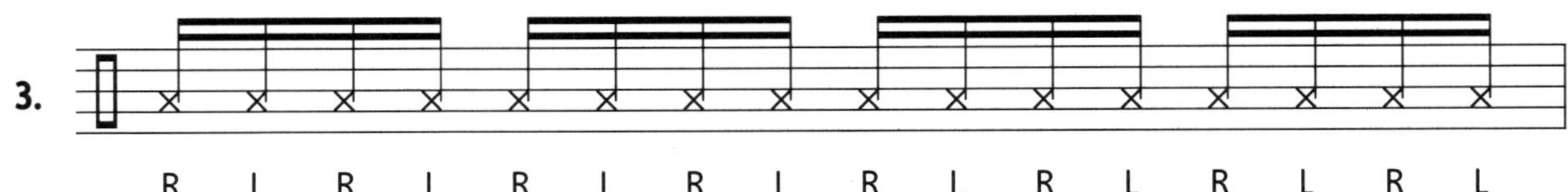

4.
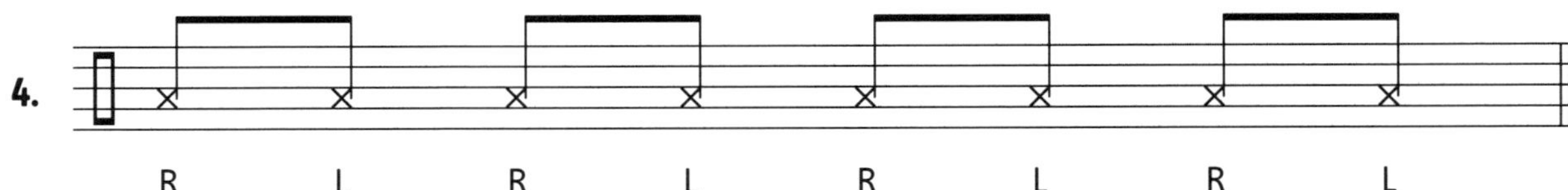

6

Bass & Slap

1.

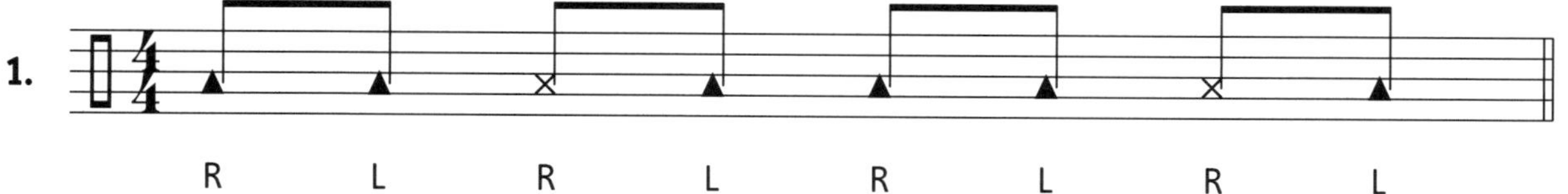

2.

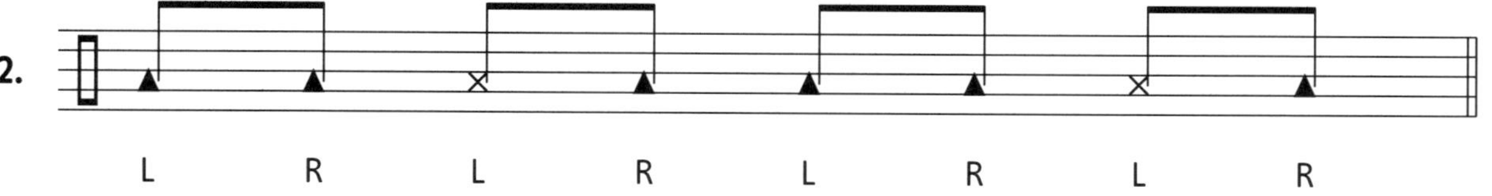

3.

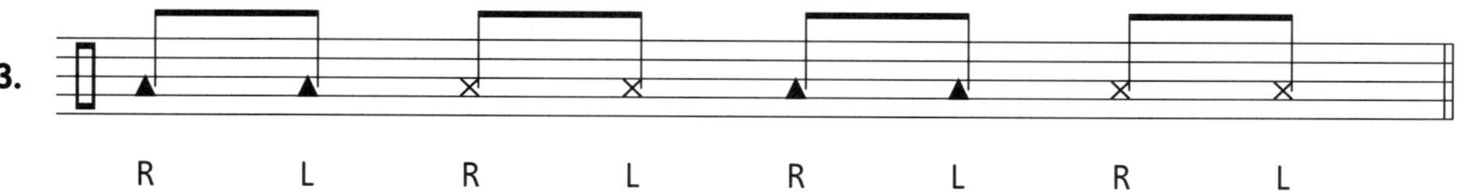

4.

7

Open & Slap

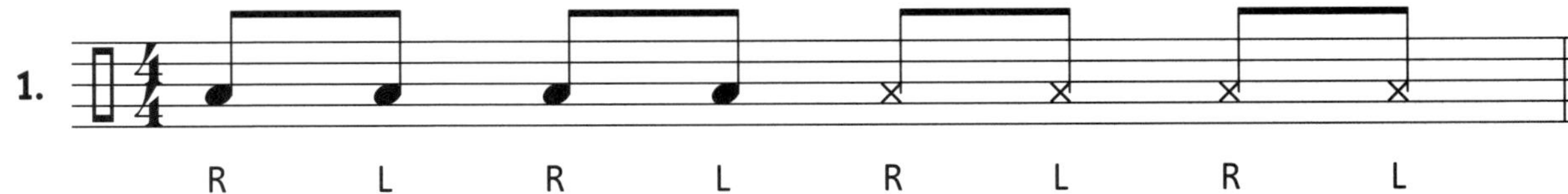

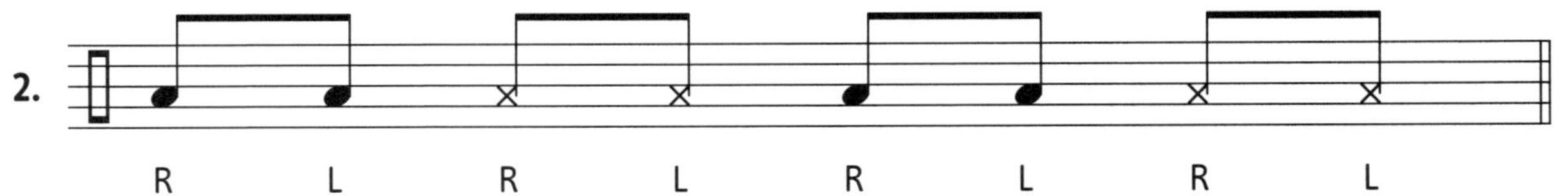

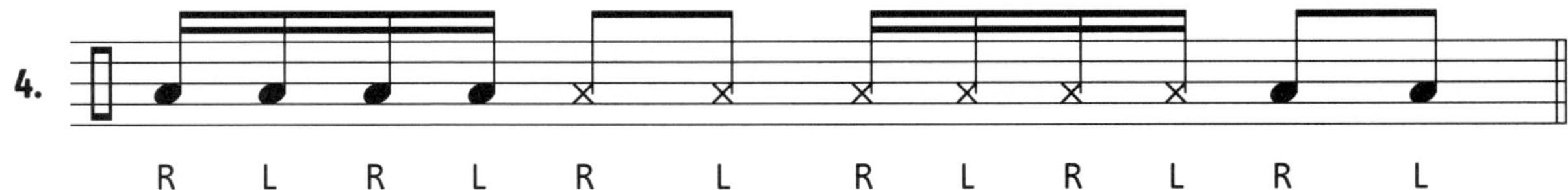

8

Punktierte Achtel

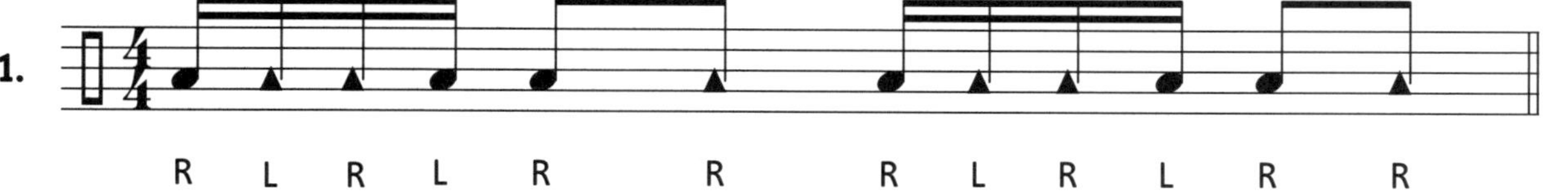

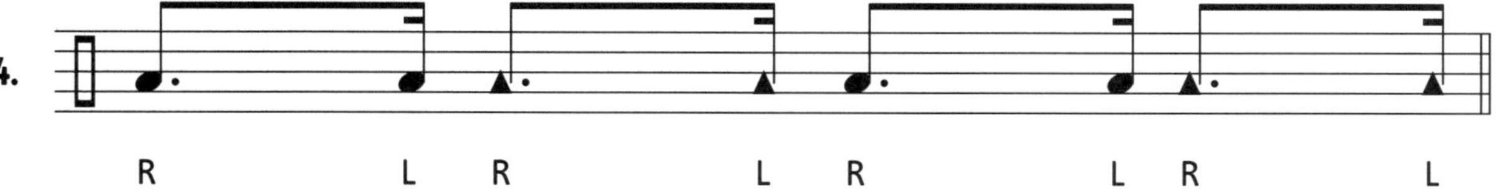

9

„Matoto"-Groove

Basic

Vari. 1

Vari. 2

Vari. 3

Vari. 4

„Matoto" ist inspiriert vom gleichnamigen Stadtteil in Conakry, der Hauptstadt von Guinea. Der Basic-Rhythmus kann mit je einer Variation zu einem zweitaktigen Pattern ausgebaut werden.

10

Clave-Figur

1.

2.

3.

4.

Hier wird der Clave-Rhythmus auf die Conga übertragen und schrittweise aufgebaut. Die Opens bilden die Clave-Figur, mit den Bass-Sounds werden die Pausen dazwischen aufgefüllt.

11

6/8

1. 

2. 

3. 

4. 

Ternäre und binäre Taktarten

Es gibt zwei große Gruppen von Rhythmusfamilien, die sich entweder der Kategorie binär oder ternär zuordnen lassen. Die Bezeichnung binär bedeutet, dass die kleinste Unterteilung eines Taktes (Achtel oder 16tel) im Bezug zum Beat durch 4 bzw. durch 2 teilbar ist. Der Begriff ternär dagegen sagt aus, dass die Unterteilung im Bezug zum Beat auf einer durch 3 teilbaren Zahl besteht.

Ternäre Rhythmen und Übungen spielen eine wichtige Rolle. Hier nun die ersten Schritte, um sich mit diesem anderen Feeling vertraut zu machen.

12

6/8-Afro Groove

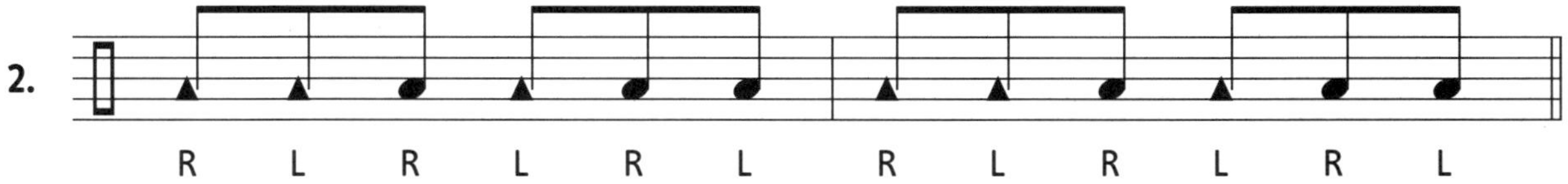

Rhythmus 1 und 2 ergänzen einander und können von zwei Gruppen bzw. Personen zusammen gespielt werden, ebenso Rhythmus 3 und 4.

13

Bass, Open & Slap, 1

42

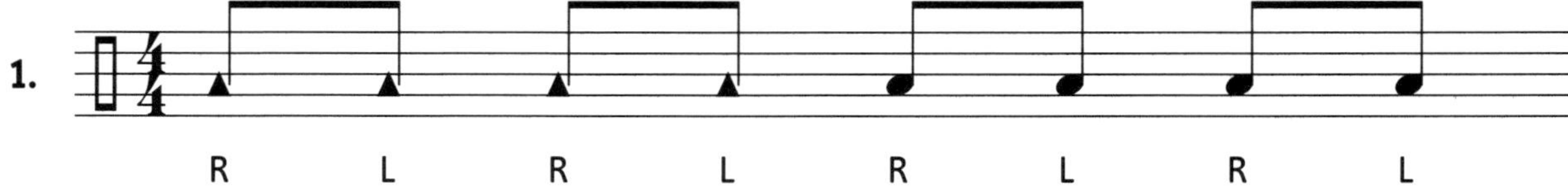

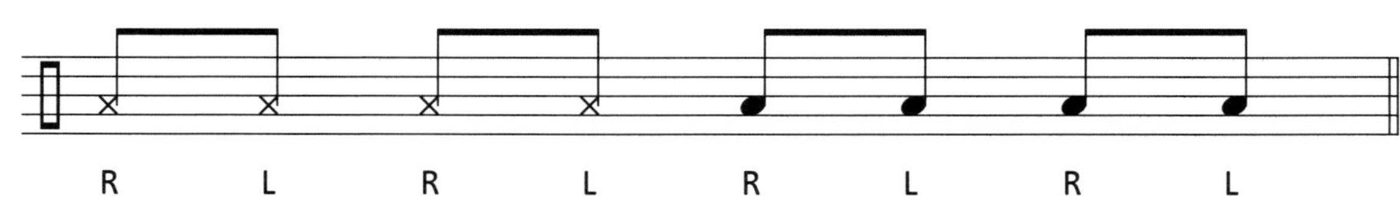

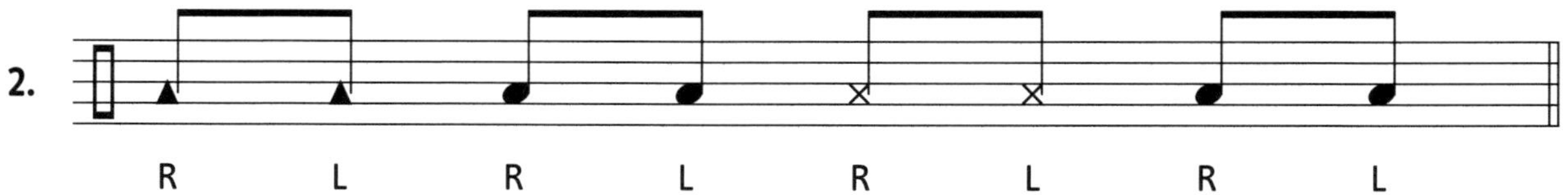

14

Bass, Open & Slap, 2

43

15

Afro Groove

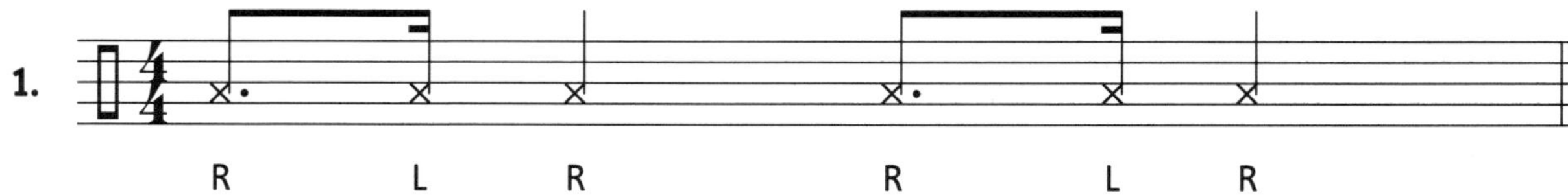

Dieses Pattern, das hier in 3 Schritten aufgebaut wird, spielt man ursprünglich auf der Djembe und ist eine Begleitstimme vieler westafrikanischer Rhythmen.

*) Nr. 3 wird zusätzlich 4x gespielt.

16

Tip (& Bass, Open)

1.

2.

3.

4.

17

Open & Tip

1.
R L R L R L R L R L R L R L R L

2.
R L R L R L R L R L R L R L R L

3.
R L R L R L R L R L R L R L R L

4.
R L R L R L R L R L R L R L R L

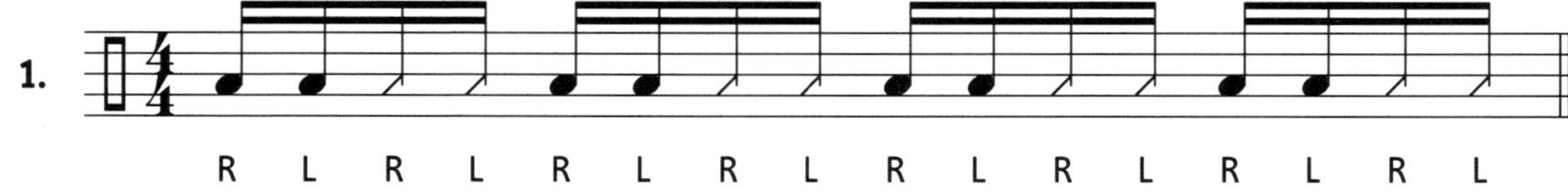

18

Floating Hand (Bass & Tip)

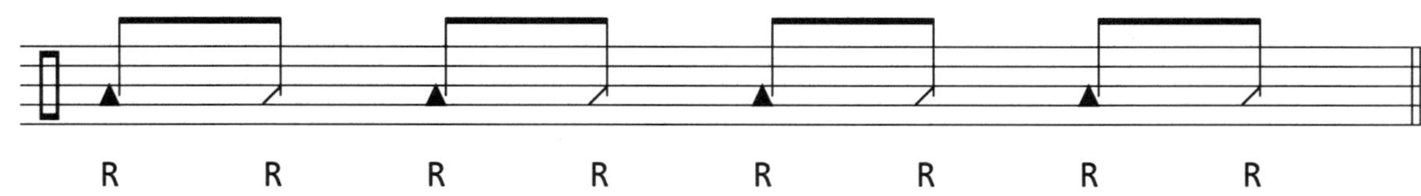

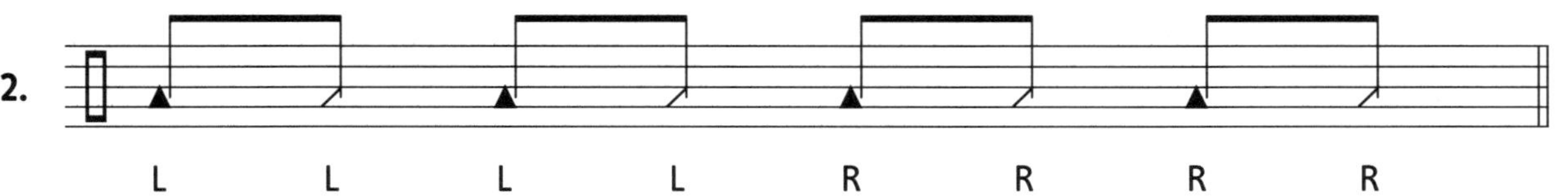

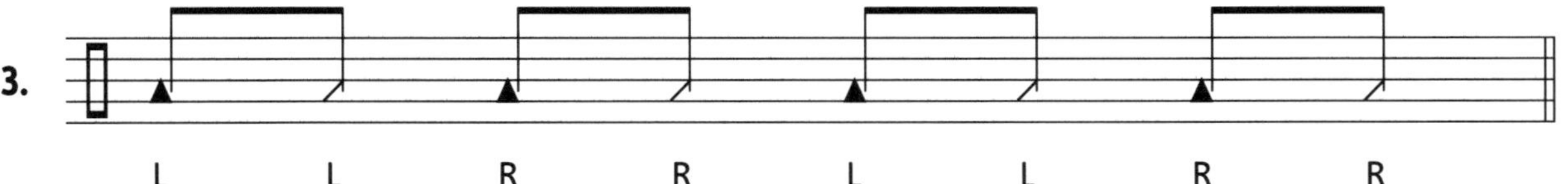

19

Floating Hand & Open

48

1.

2.

3.

4.

20

Floating Hand, Open & Slap

1.

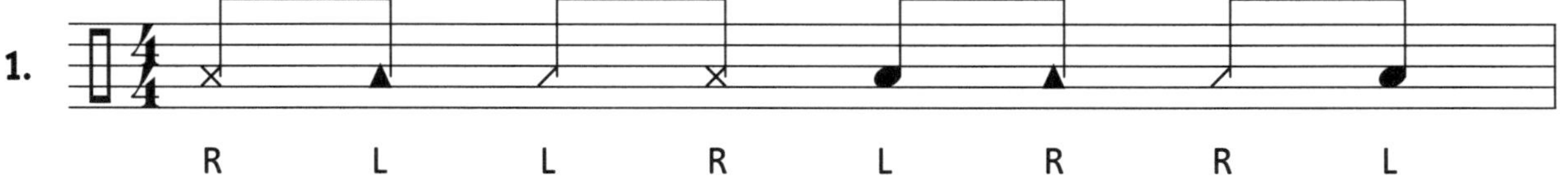

2.

21

Akzentverschiebung

1.

2.

3.

4.

3 ÜBUNGEN

In diesem Kapitel ist eine Vielzahl von Übungen unterschiedlicher Niveaustufen zu finden.

Die einzelnen Übungen enthalten jeweils andere Schwerpunkte und beschäftigen sich mit

wichtigen Themen des Congaspiels. Die Verbesserung der Sounds, die Ausgewogenheit

zwischen rechter und linker Hand, Ausdauer, Schnelligkeit usw. sind die Ziele dieses Kapitels.

Die Übungen sind thematisch geordnet, es empfiehlt sich also, die Seiten ganz nach eigenem

Interesse auszusuchen. Der Schwierigkeitsgrad der einzelnen Übungen kann durch Tempo-

änderungen noch variiert werden.

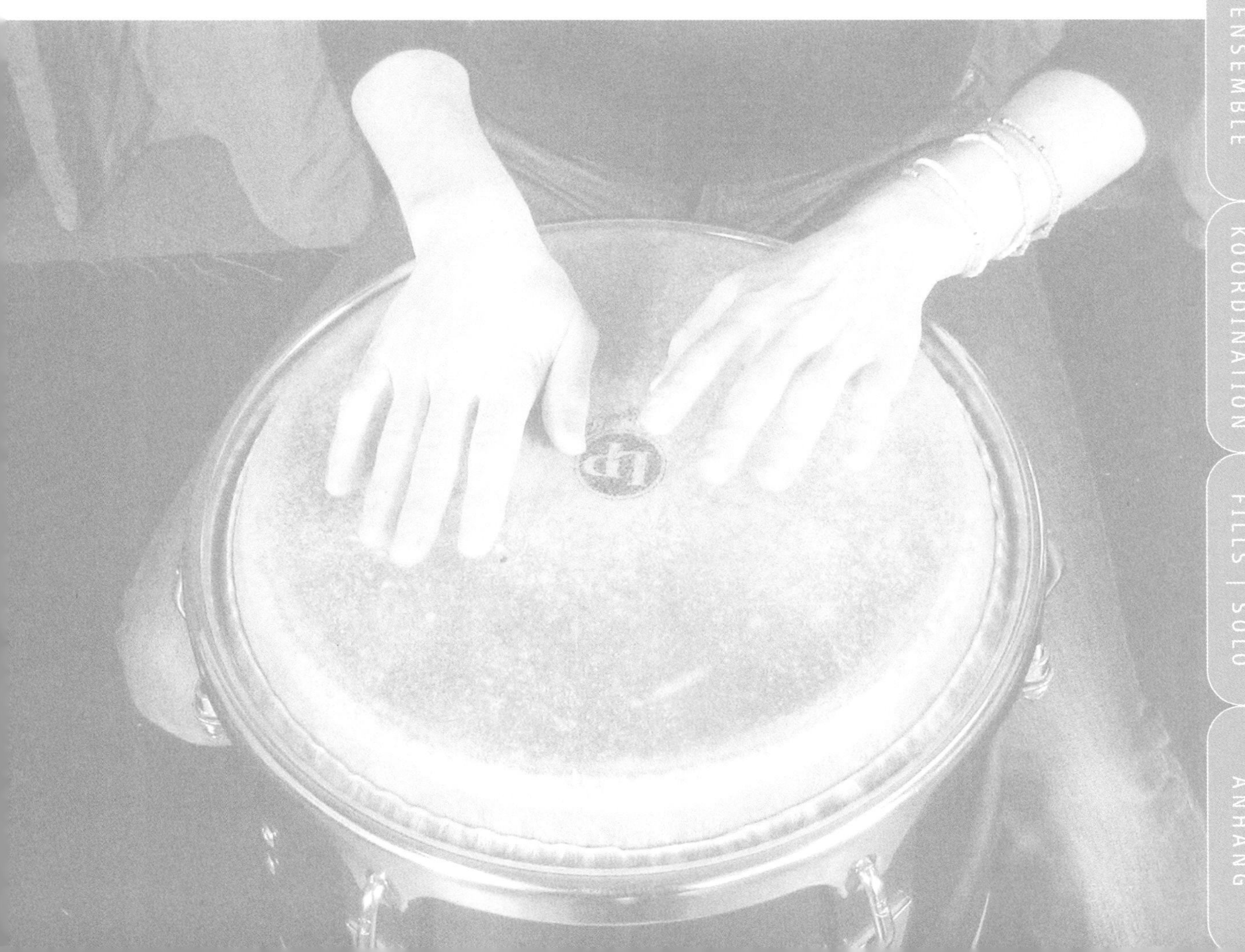

1

Warm-Up

R R R R R R R R L L L L L L L L
R R R R R R R L L L L L L L
R R R R R R L L L L L L
R R R R R L L L L L
R R R R L L L L
R R R L L L
R R L L
R L

2

Warm-Up

R L
R R L L
R R R L L L
R R R R L L L L
R R R R R L L L L L
R R R R R R L L L L L L
R R R R R R R L L L L L L L
R R R R R R R R L L L L L L L L

3

21 Open Pyramide

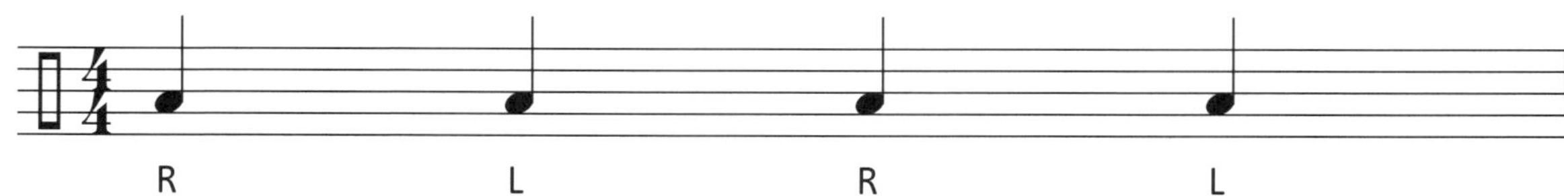

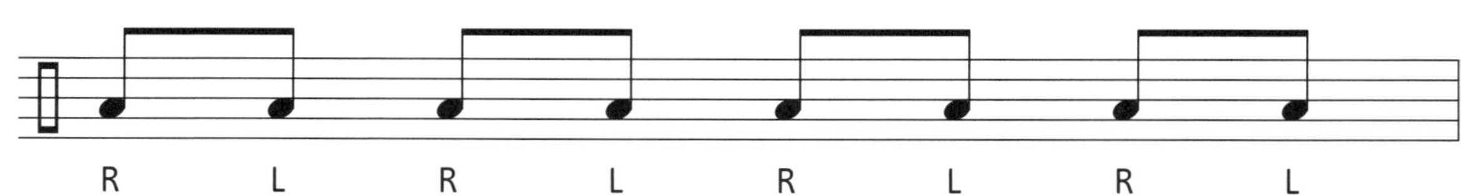

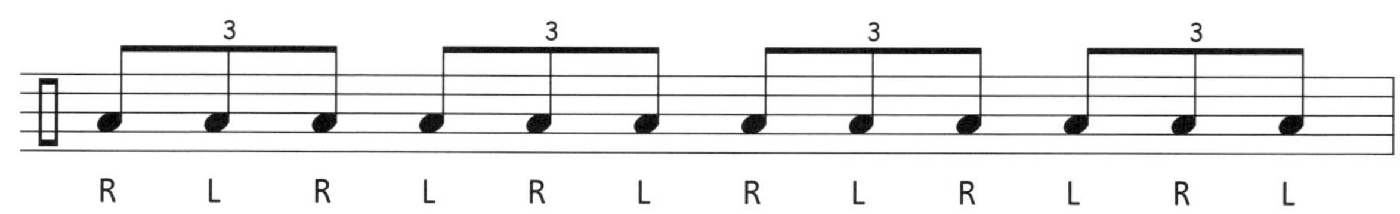

4

Floating Hand Pyramide

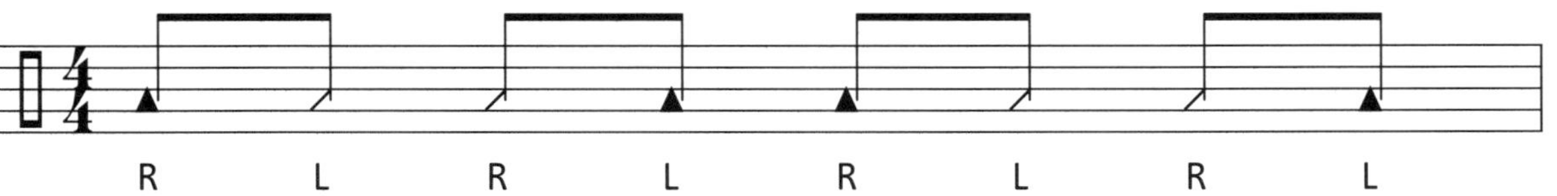

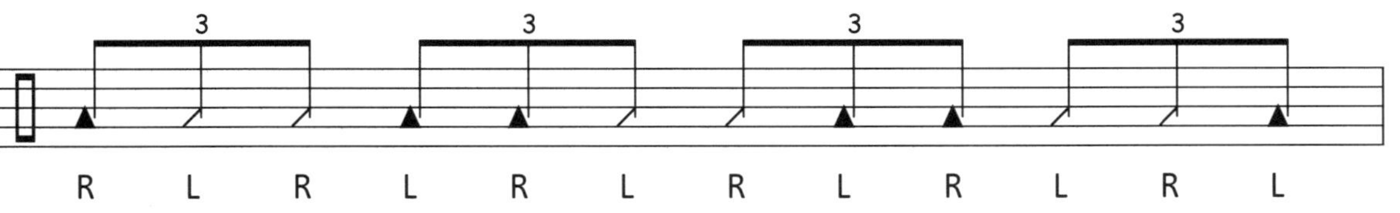

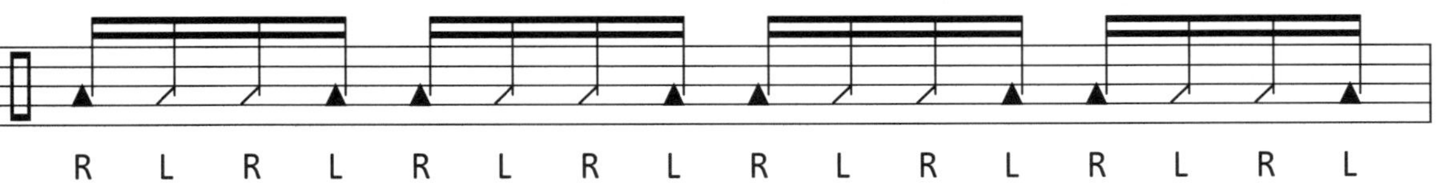

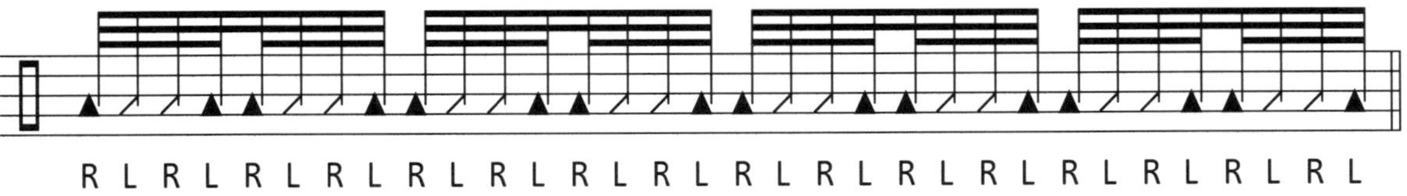

5

Conga & Tumba, 1

1. 

2. 

3. 

4. 

6

Conga & Tumba, 2

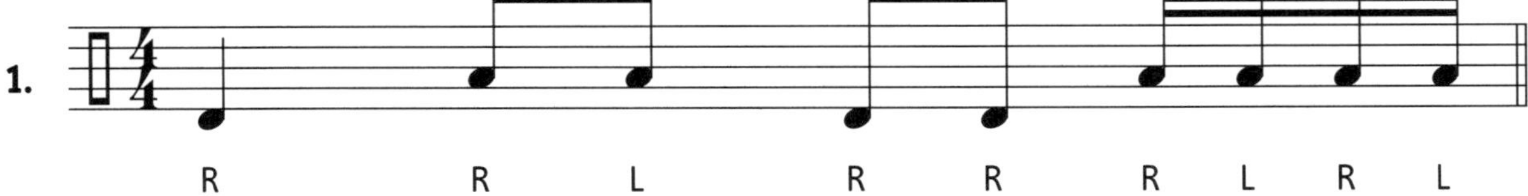

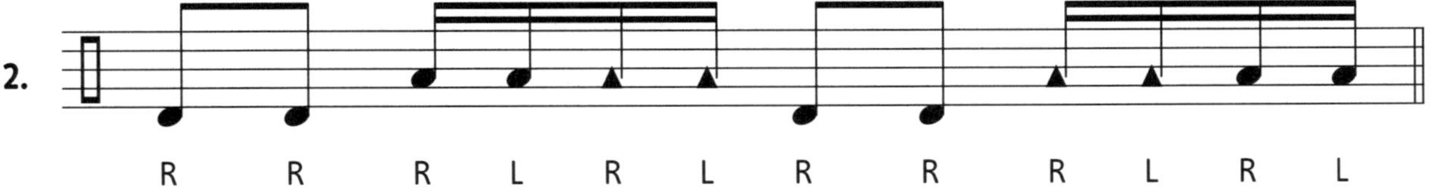

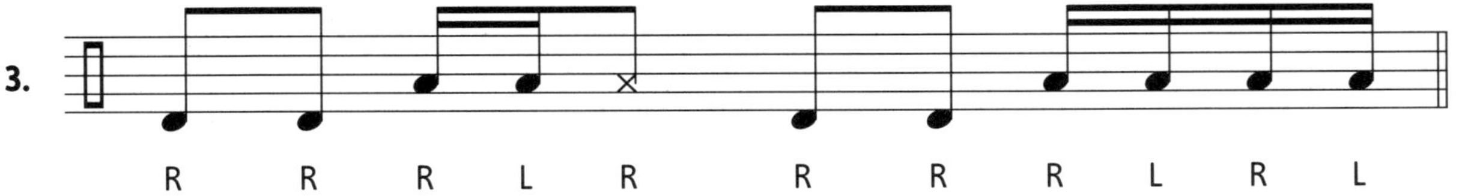

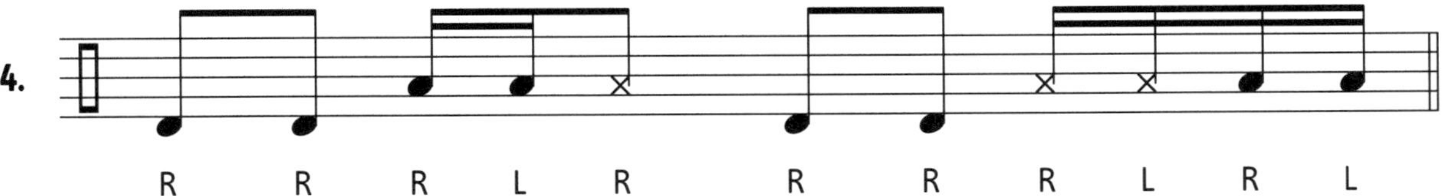

7

Conga & Tumba, 3

1.

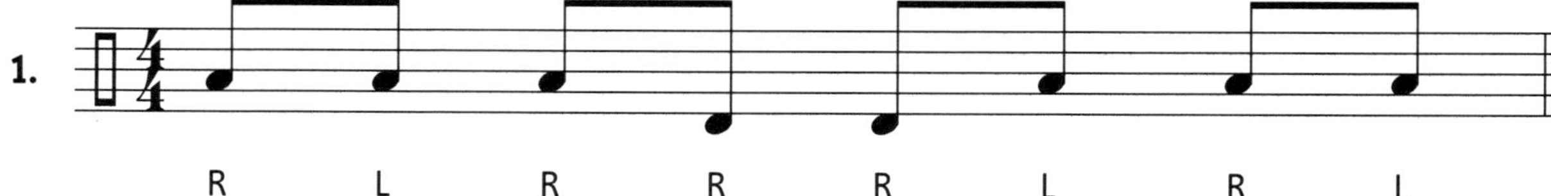

2.

3.

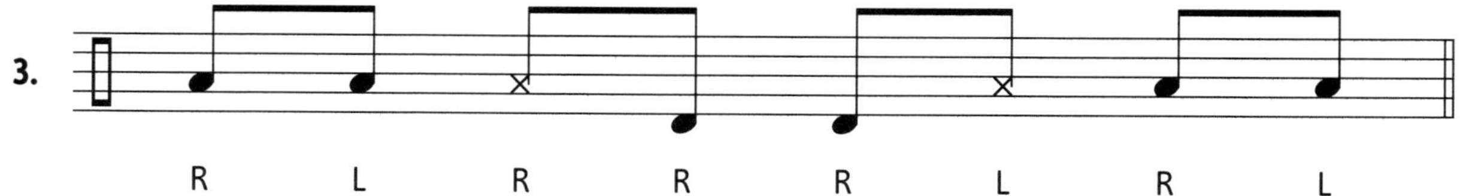

4.

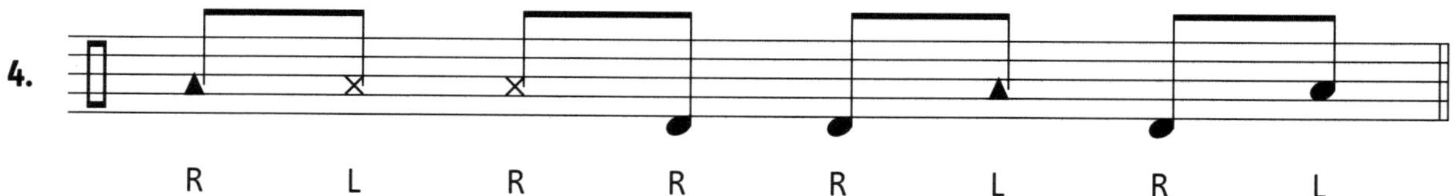

8

Conga & Tumba, 4

1.

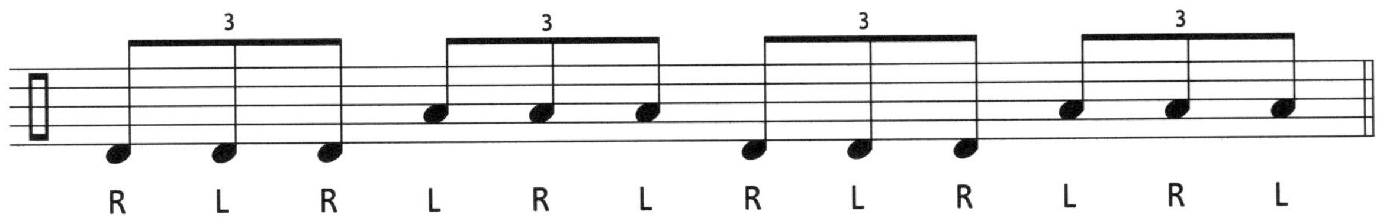

2.
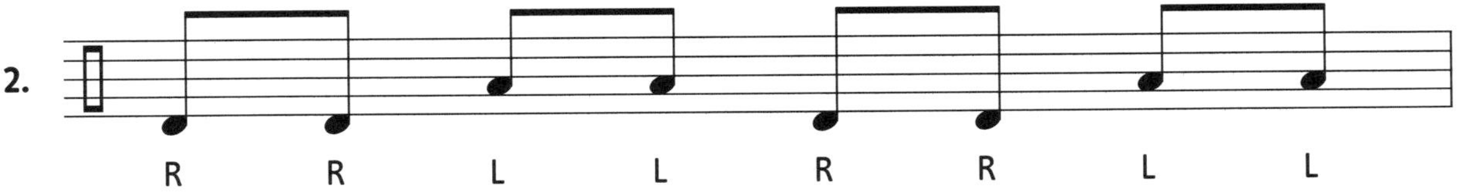

9

Viertel, Achtel, 16tel & Triolen

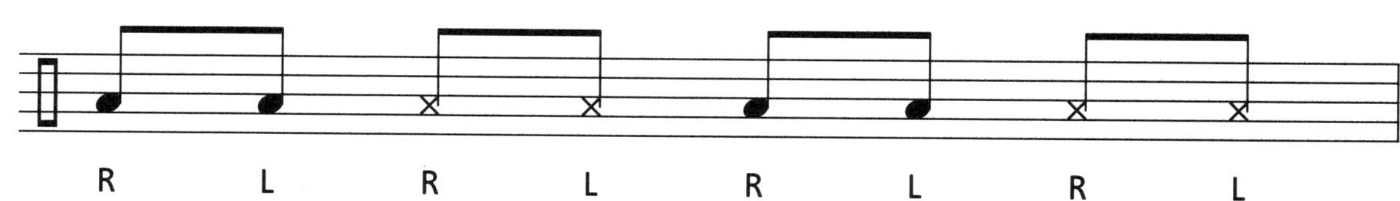

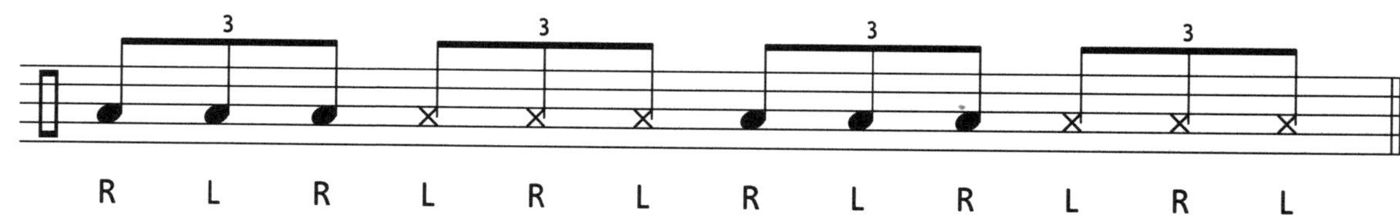

10

Achtel, Triolen, 16tel

1.

2.

3.

4.

11

Achtel, Triolen, 16tel, Sextolen

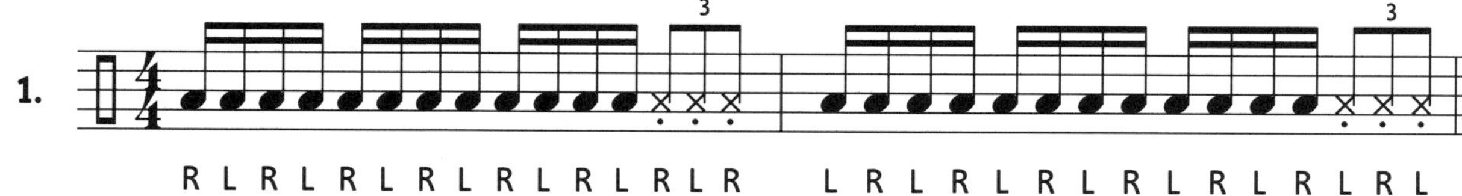

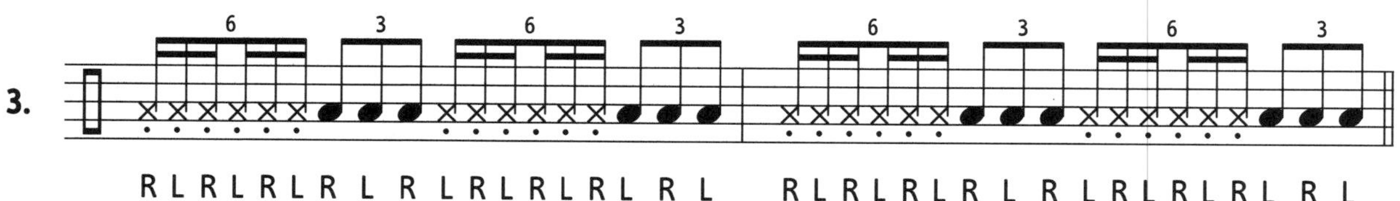

12

16tel & Vierteltriolen

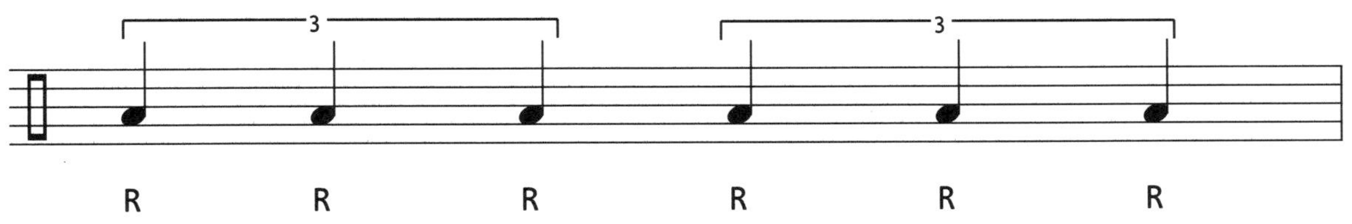

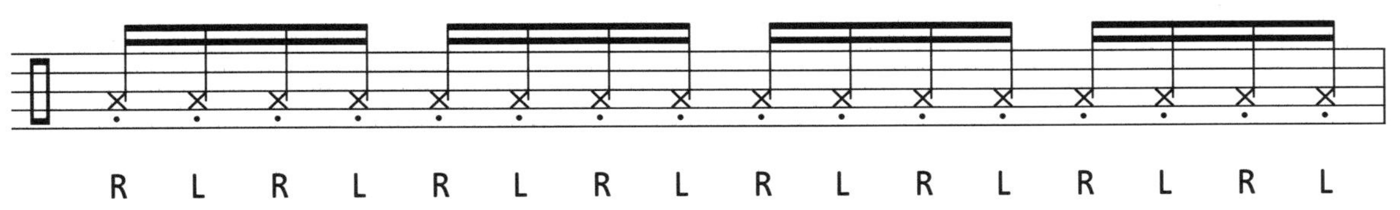

13

Triolen, 1

1.

2.

3.

4.

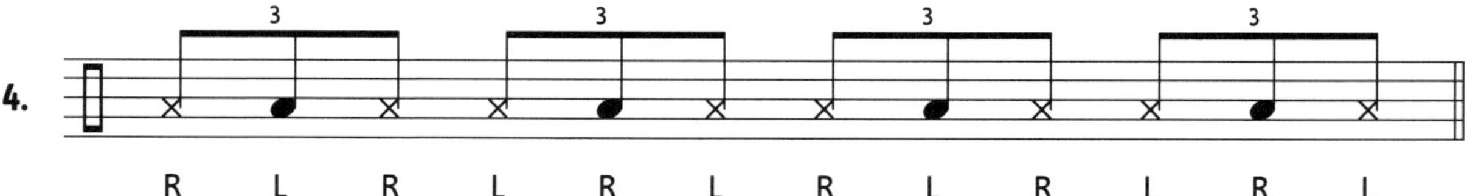

14

Triolen, 2

1. 

2. 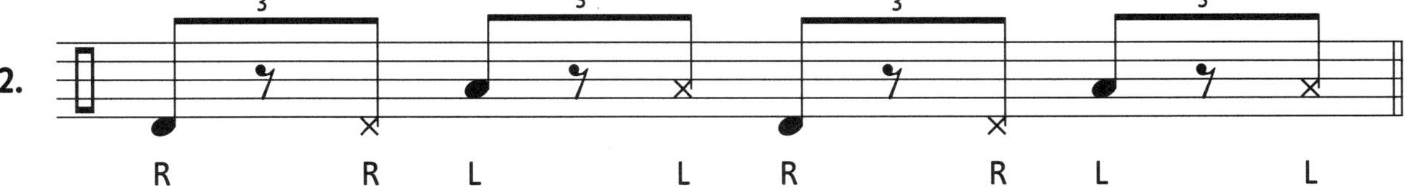

3. 

4. 

5. 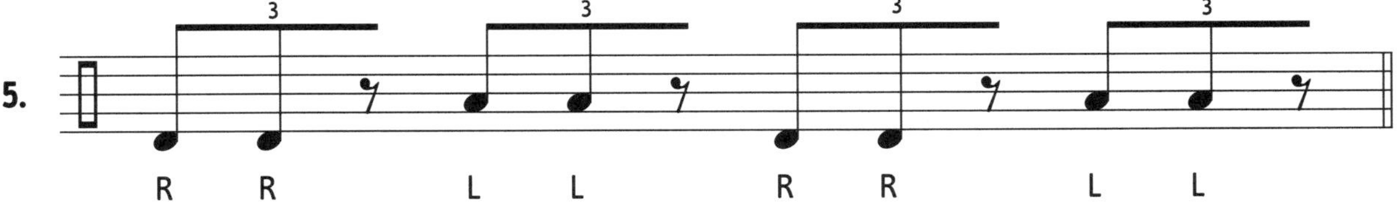

6. 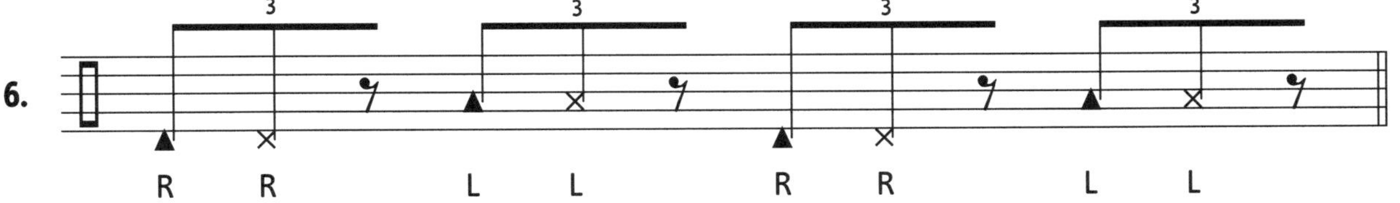

15

6/8, 1

1.
R L L R L L R L L R L L

R R L R R L R R L R R L

2.
R L R L R R L R L R L L L

3.
R L R L R R L R L R L L

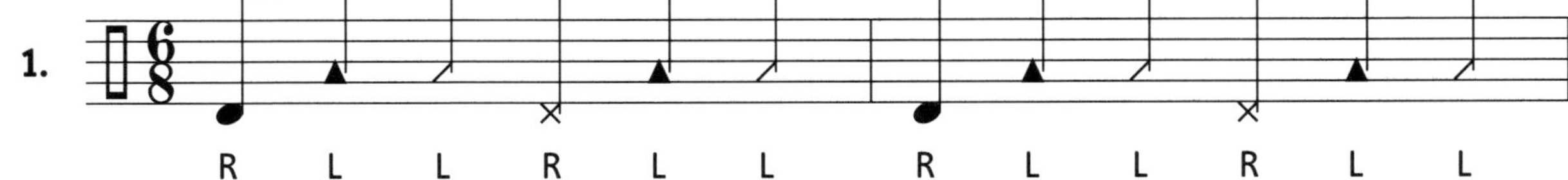

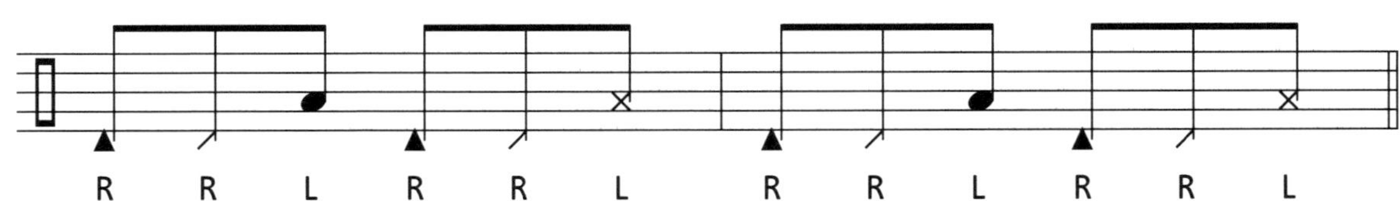

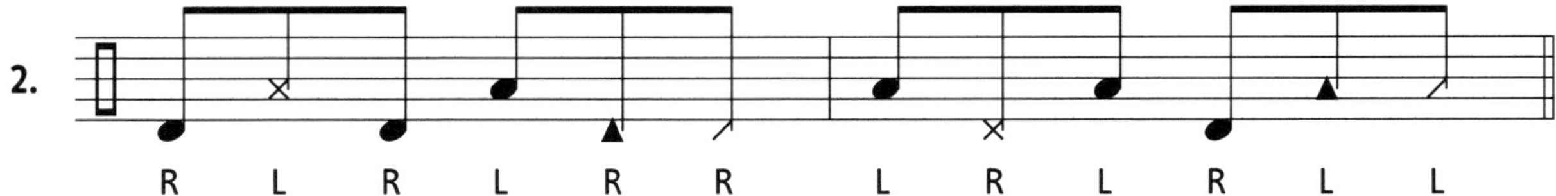

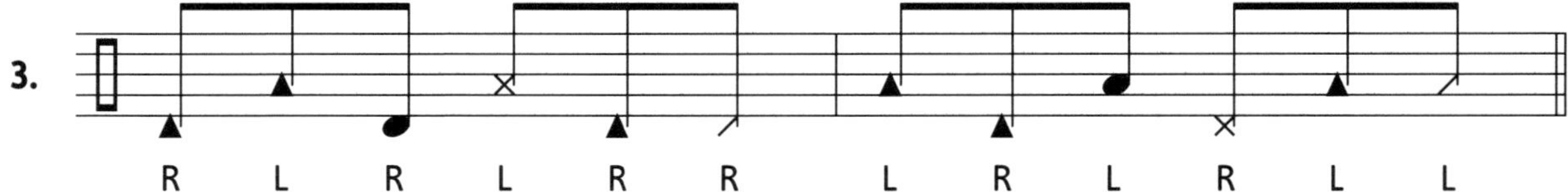

16

6/8, 2

1.

L L L R R R L L L R R R

2.

L L L R R R L L L R R R

3.

L L L R R R L L L R R R

4.

L L L R R R L L L R R R

5.

L L L R R R L L L R R R

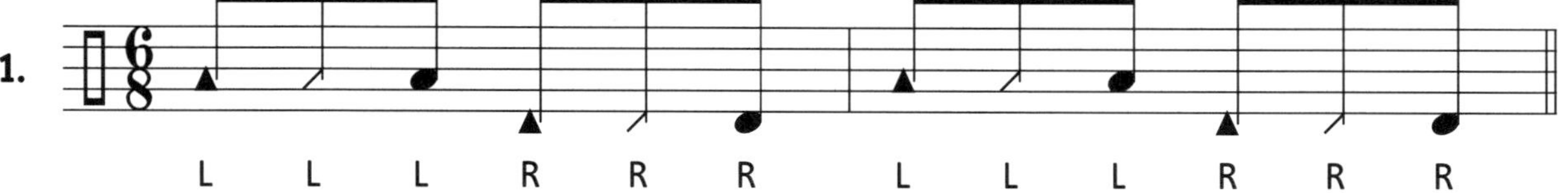

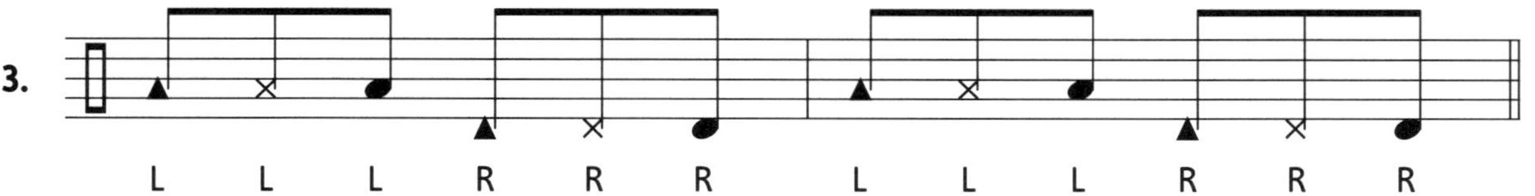

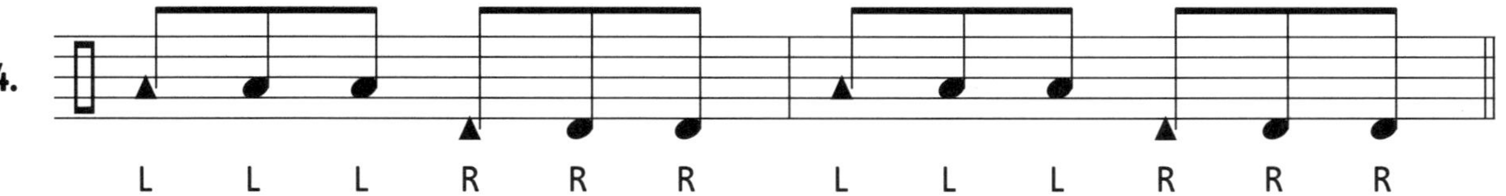

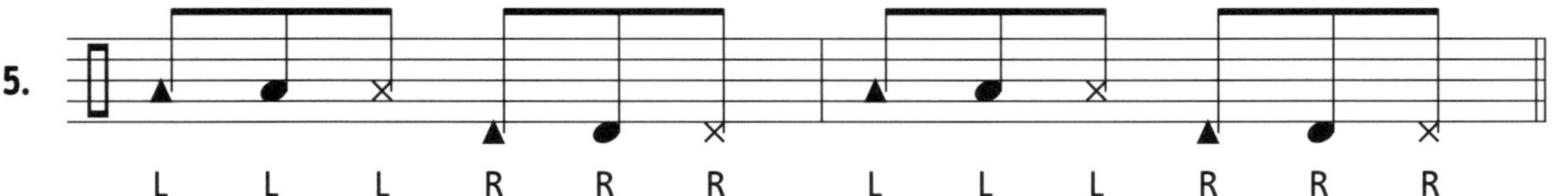

17

6/8, Groove-Verschiebung

1.
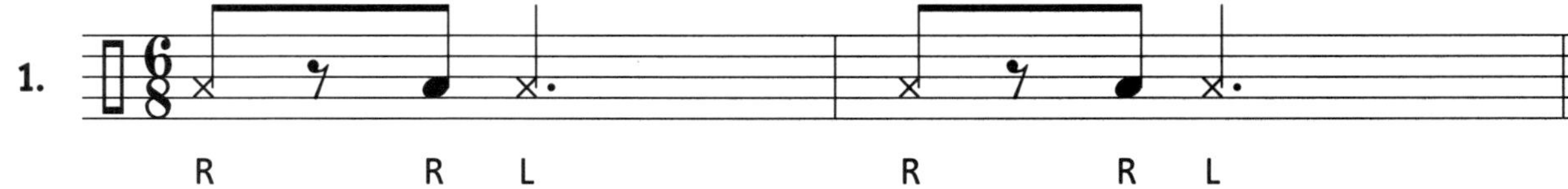

2.

3.

Der Afro Groove (1.) verschiebt sich in Übung 2. und 3. um jeweils ein Achtel nach hinten. Daraus entstehen neue Rhythmen.

*) Jede Zeile wird 2x gespielt.

18

12/8, 1

1.
R L R R L R R L R R L R

L R L L R L L R L L R L

2.
R R L R R L R R L R L R

L L R L L R L L R L R L

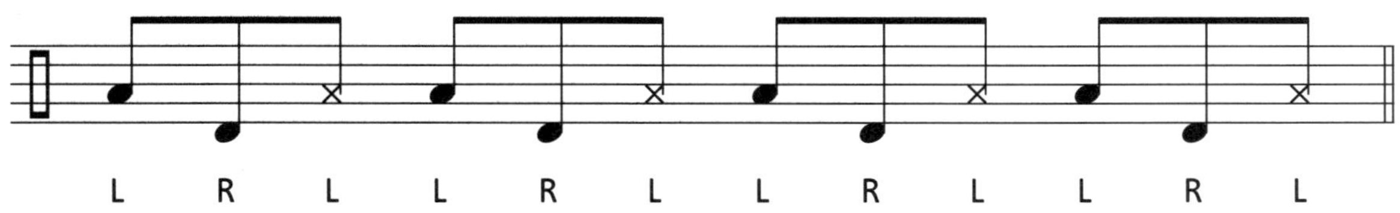

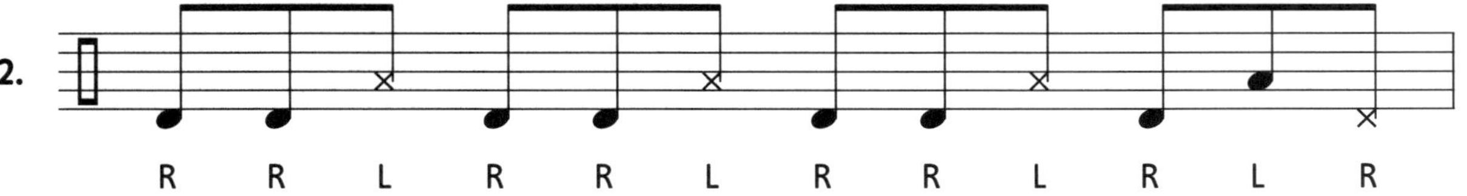

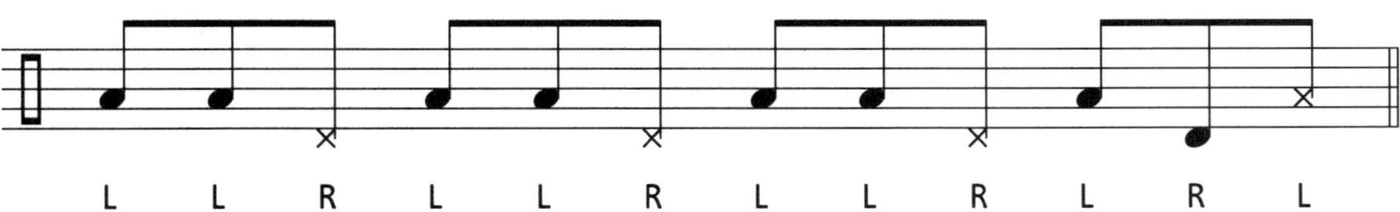

19

12/8, 2

1.

2.

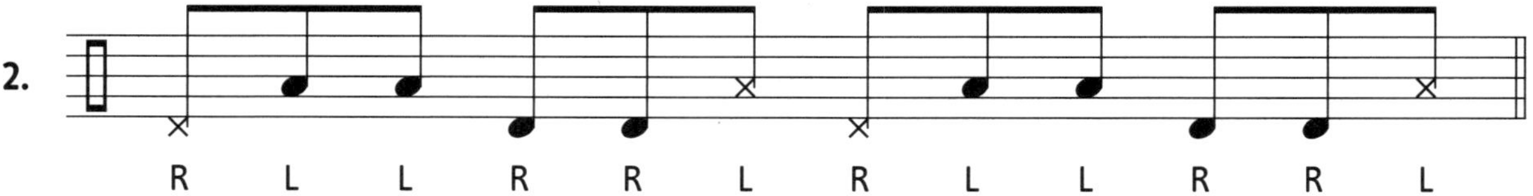

3.

4.

20

12/8, 3

1.
R L L R R L R L L R R L

2.
R L L R R L R L L R R L

3.
R L L R R L R L L R R L

4.
R L L R R L R L L R R L

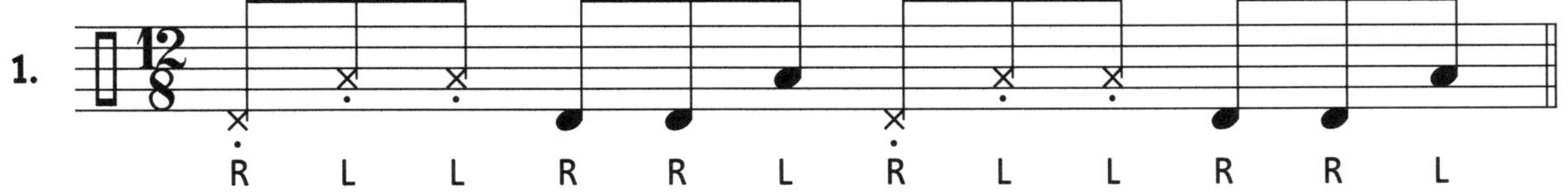

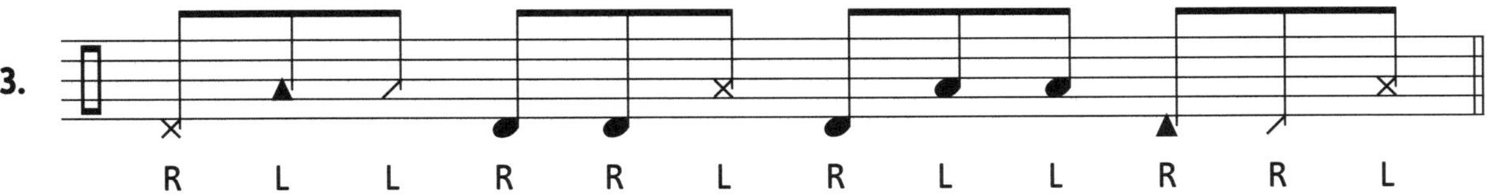

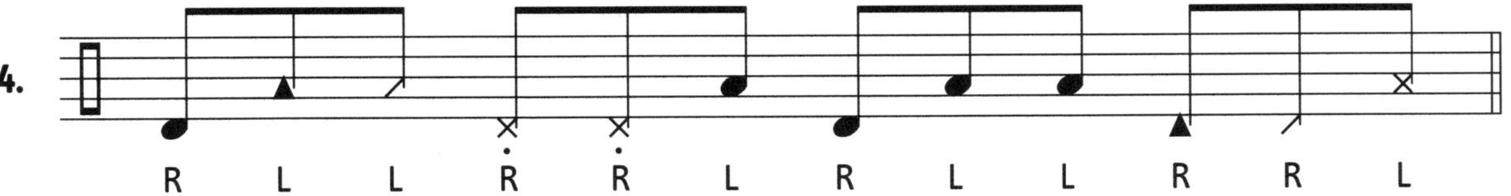

21

Singles: Open & Slap, 1

1.

2.

3.

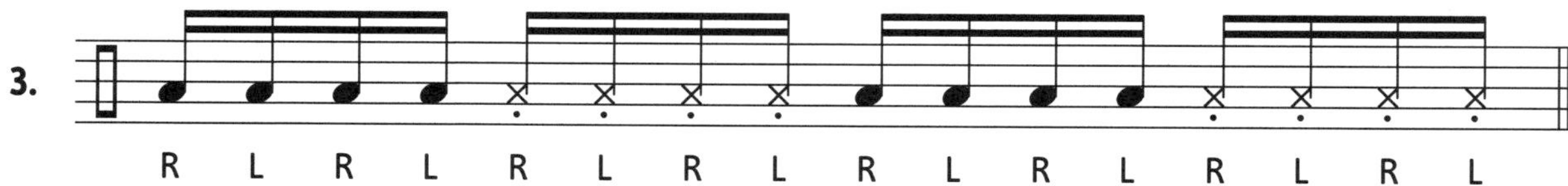

4.

Die Übungen 21–51 befassen sich intensiv mit Singles, Doubles, Paradiddles, Doubleparadiddles und Tripleparadiddles.

22

Singles: Open & Slap, 2

1. 

2. 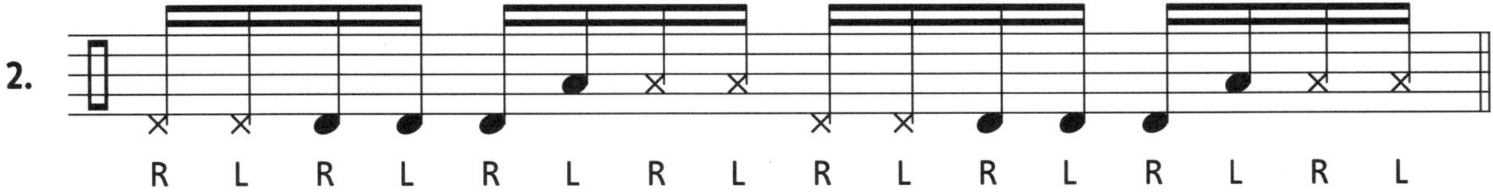

3. 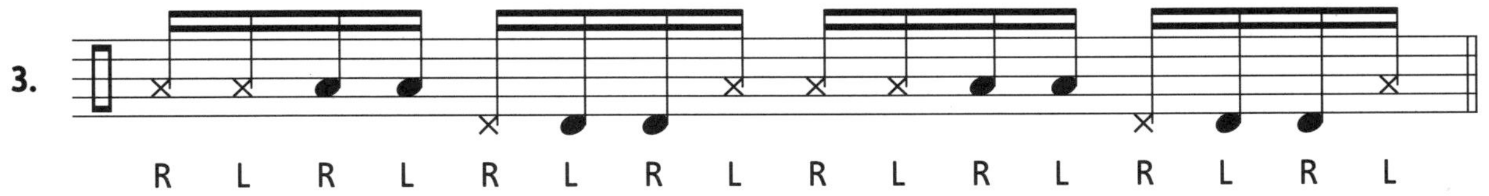

4. 

23

Singles: Floating Hand

1.

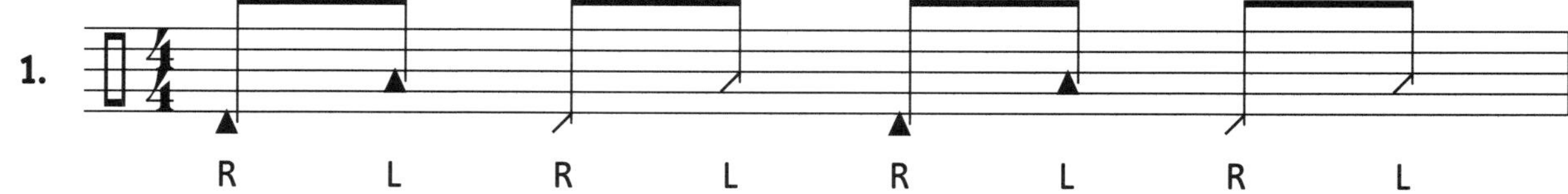

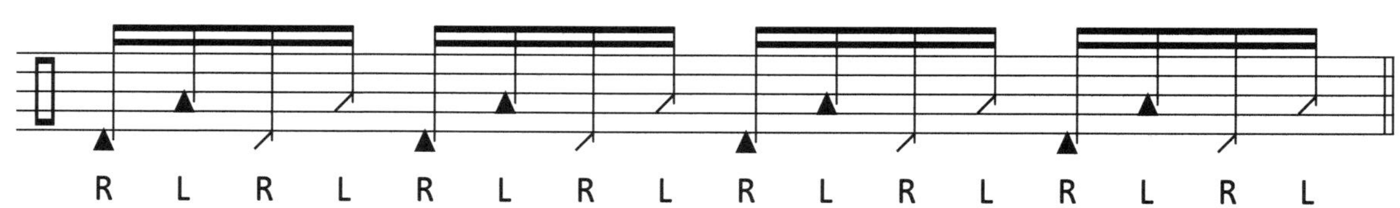

2.

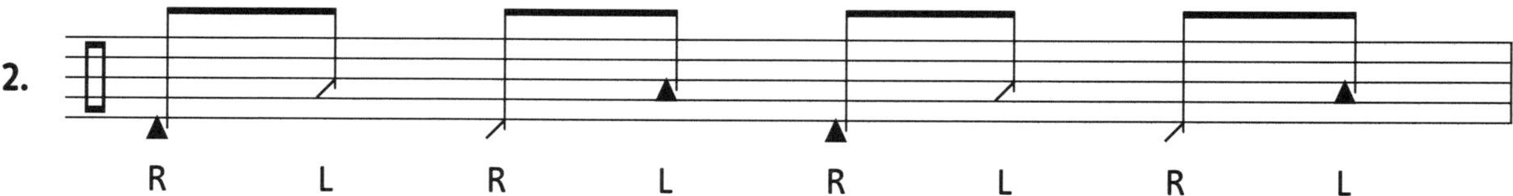

24

Singles: Bass, Open & Slap

1.

2.

3.

4.

25

Singles: Achtel & Triolen

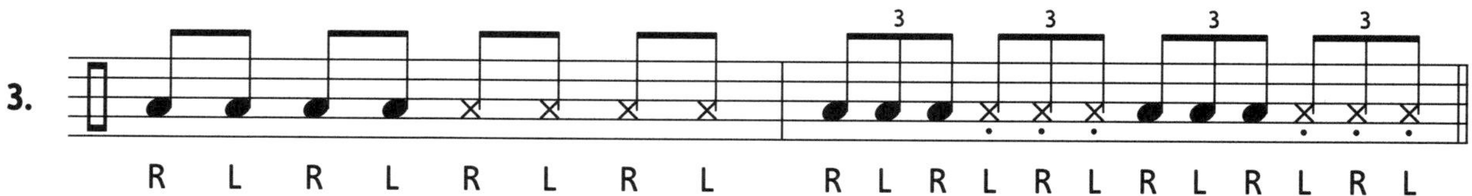

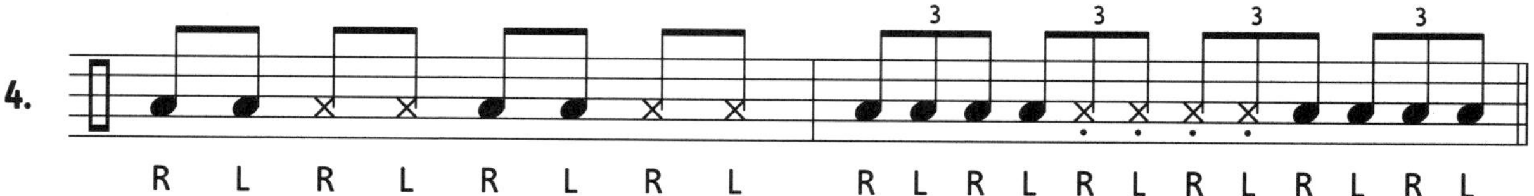

26

Singles: 16tel, Triolen und Sextolen

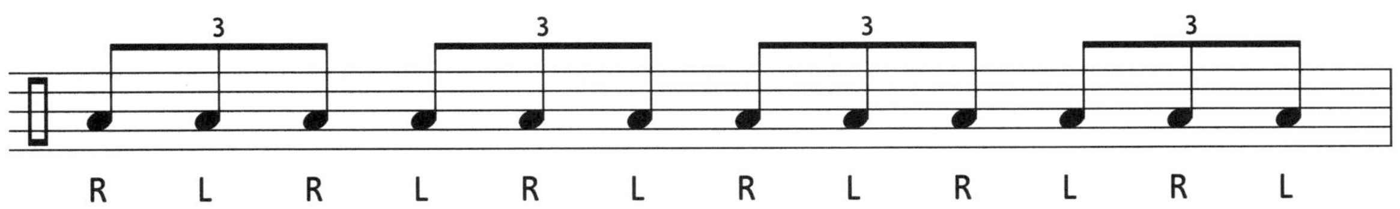

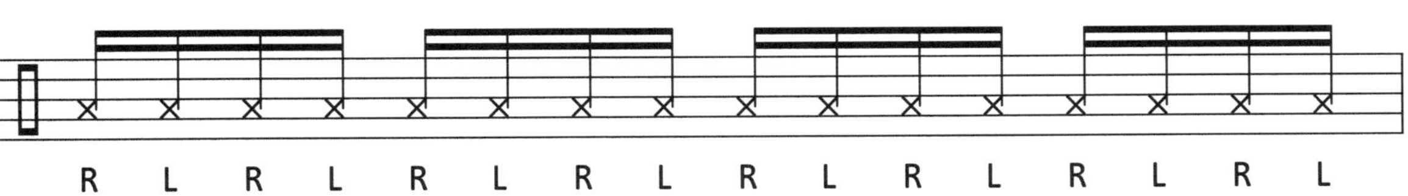

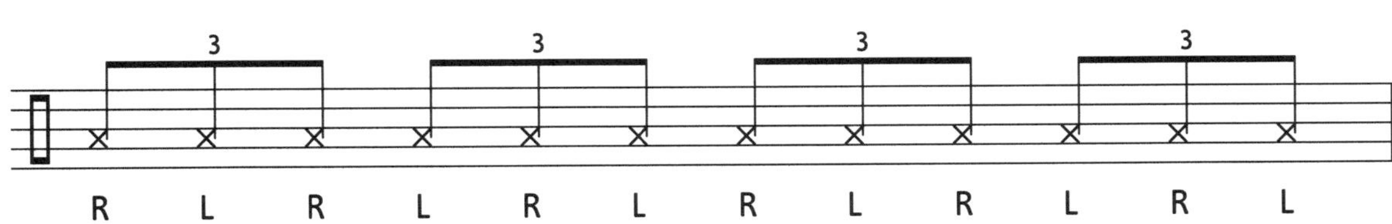

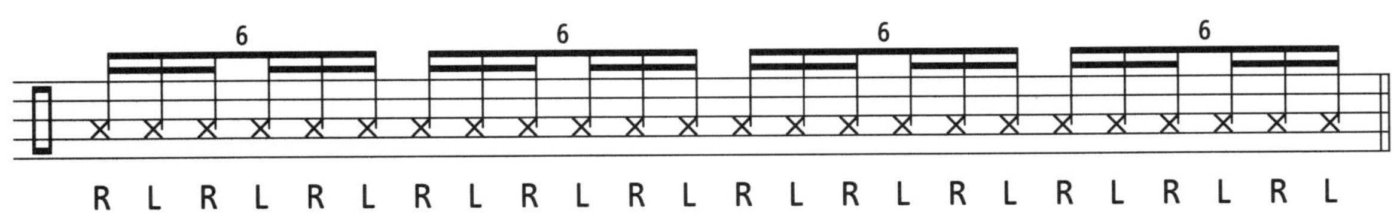

27

Singles: 16tel & 32stel

1.

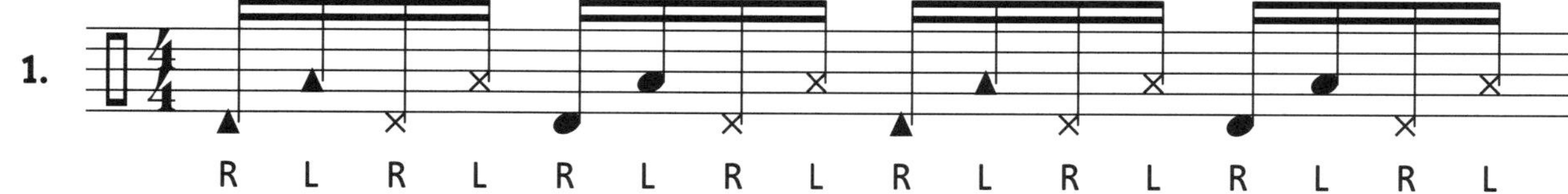

2.

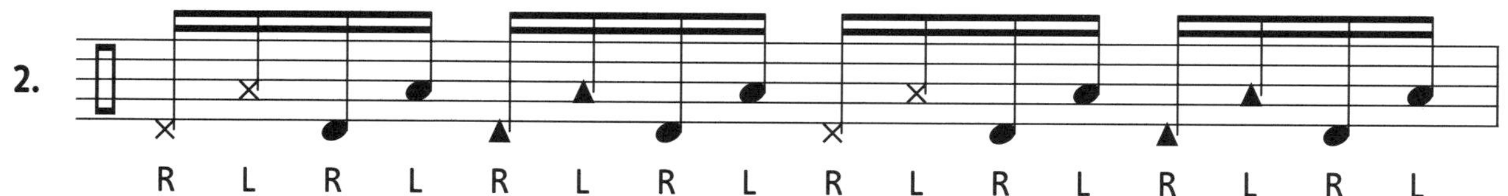

3.

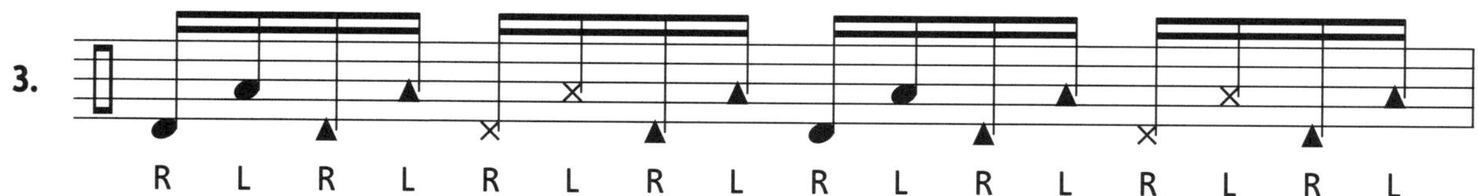

28

Singles: 16tel & Sextolen

1.

2.

29

Singles: Achtel, Triolen, 16tel, Sextolen, 32stel

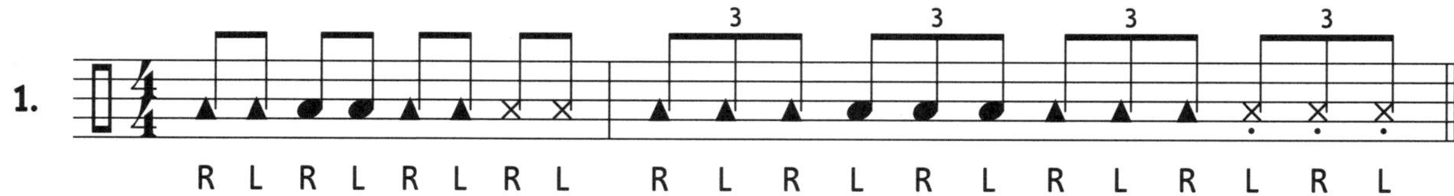

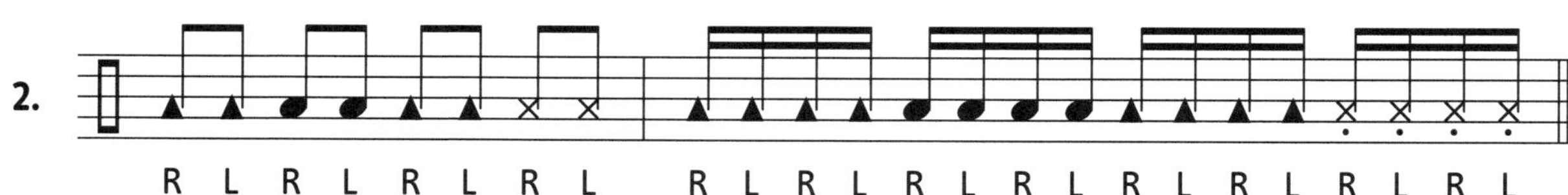

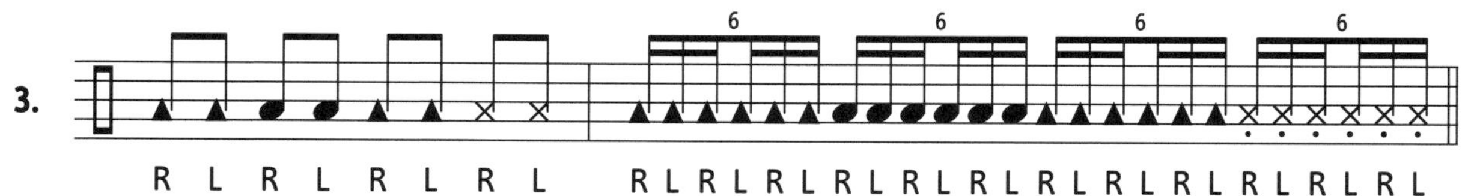

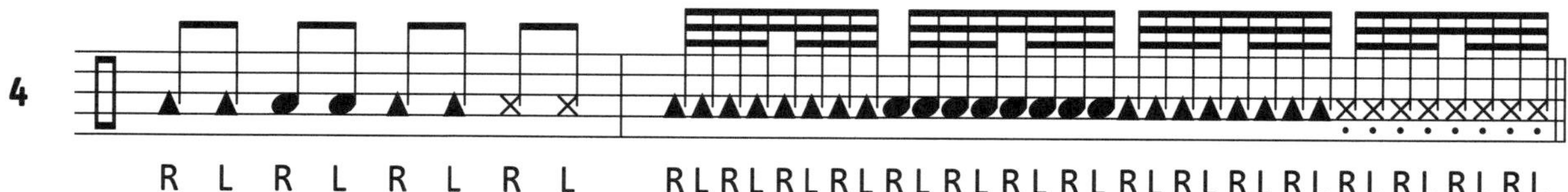

30

Singles: 12/8, 1

1.

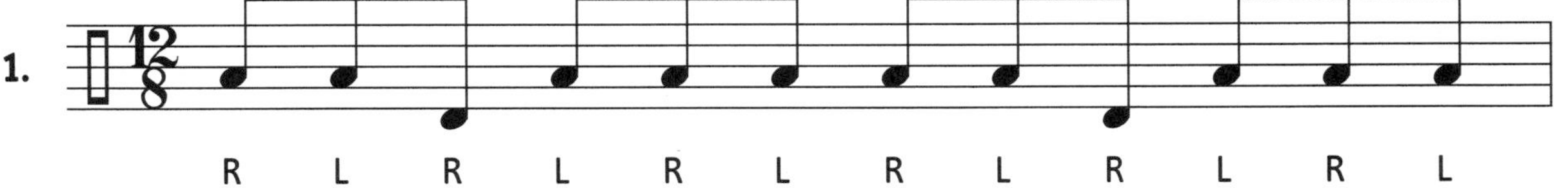

2.

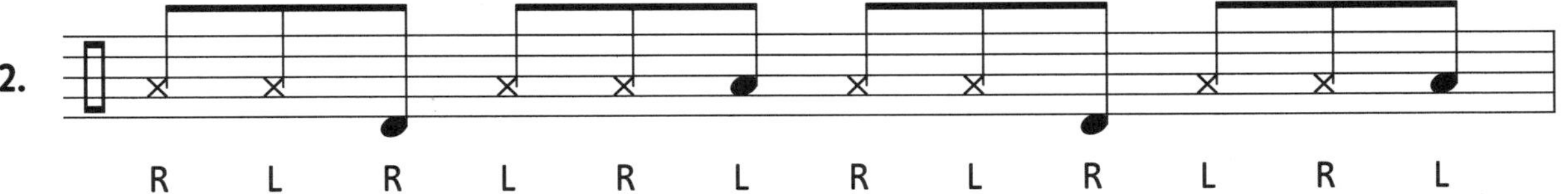

31

Singles: 12/8, 2

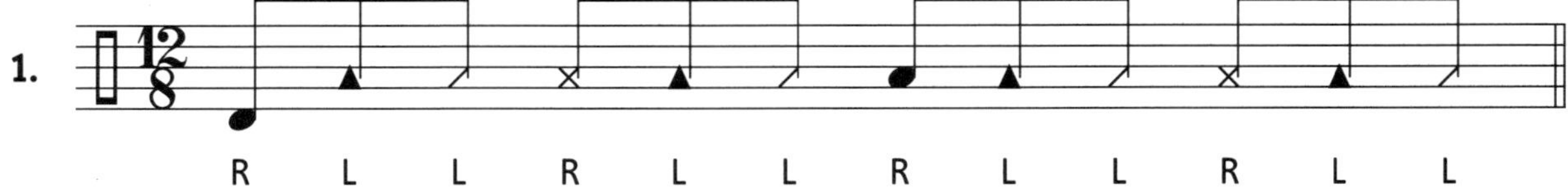

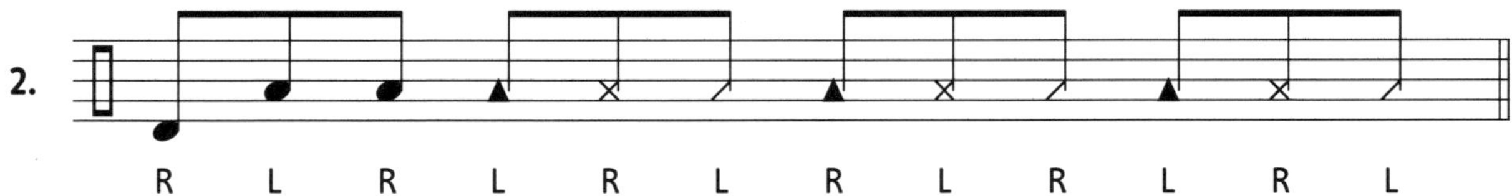

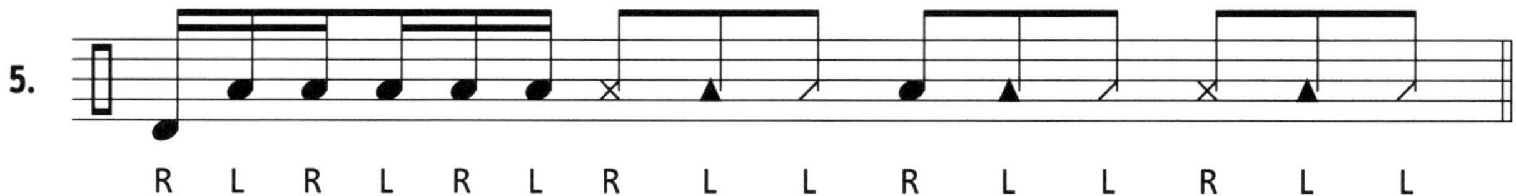

32

Doubles: Open & Slap

1.

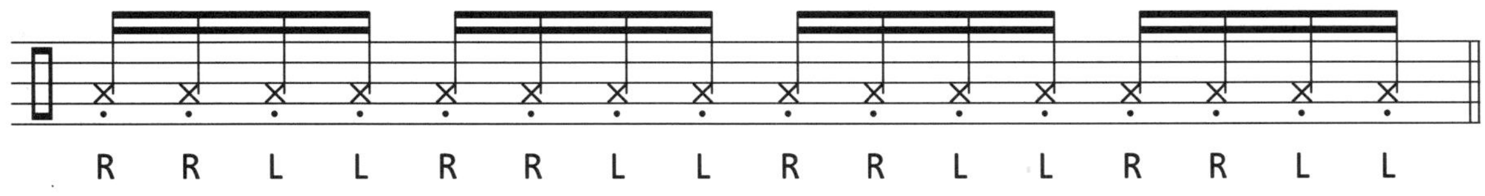

2.

3.

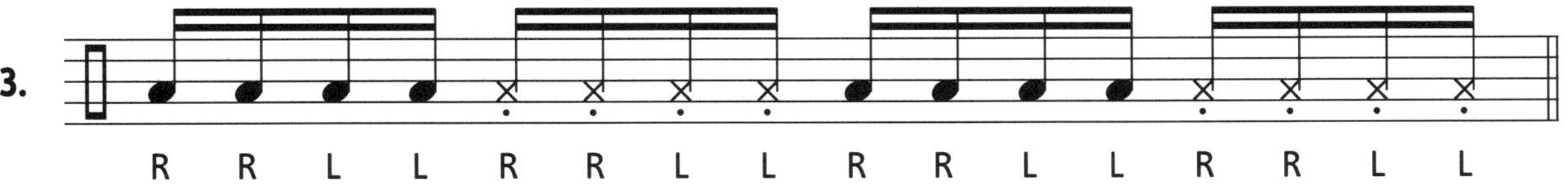

4.

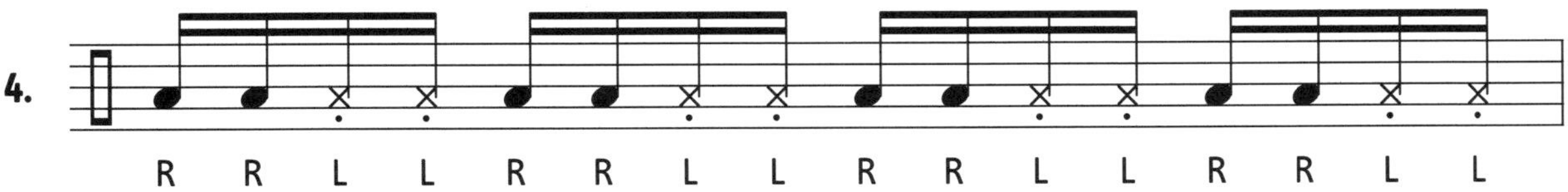

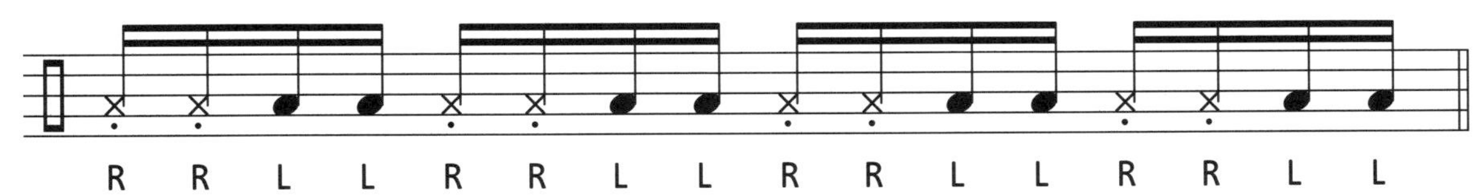

33

Doubles: Achtel & 16tel

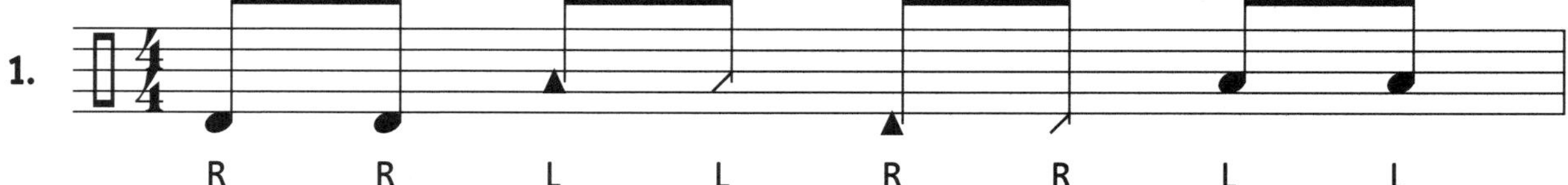

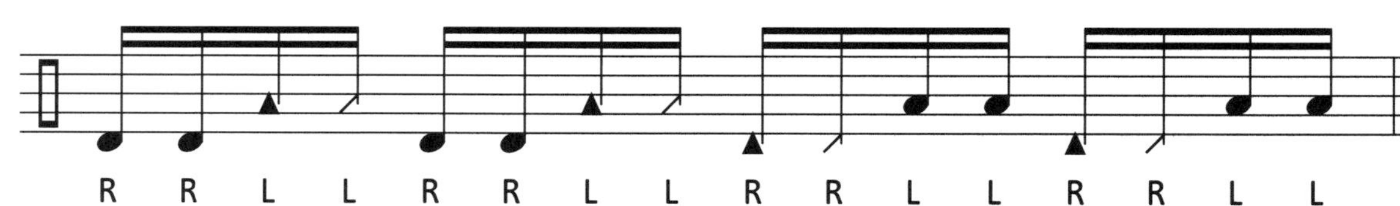

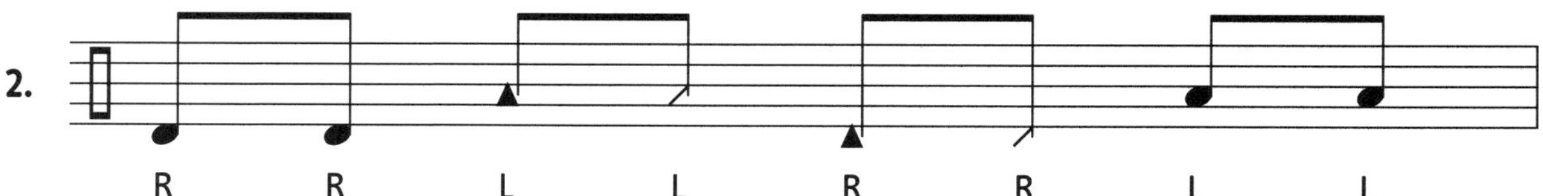

34

Doubles: Achtel & Triolen

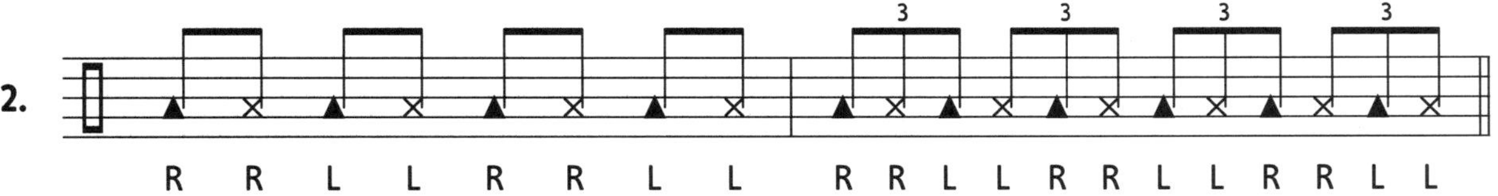

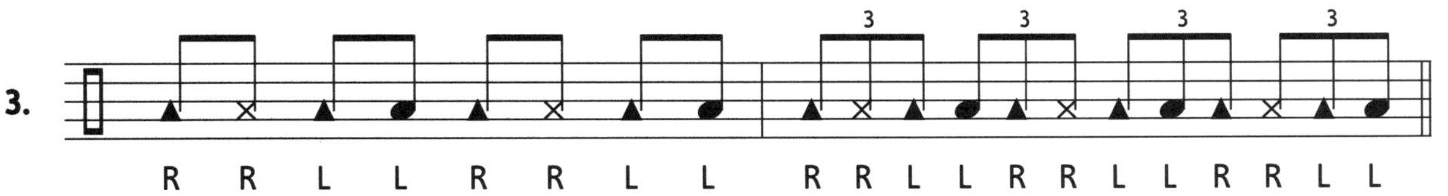

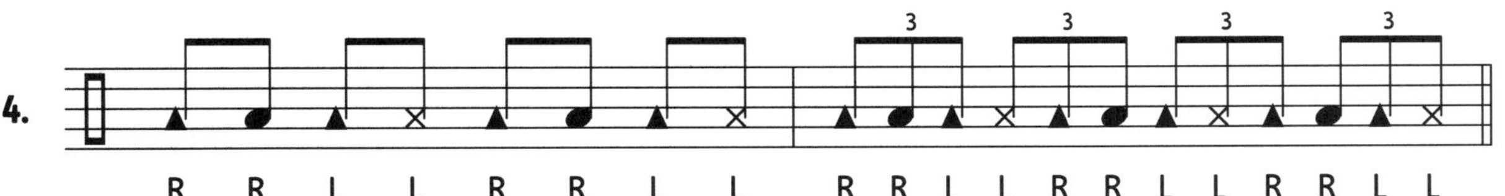

35

Doubles: Floating Hand

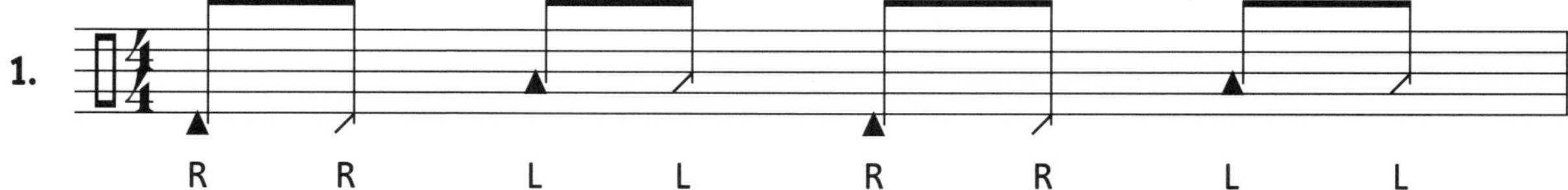

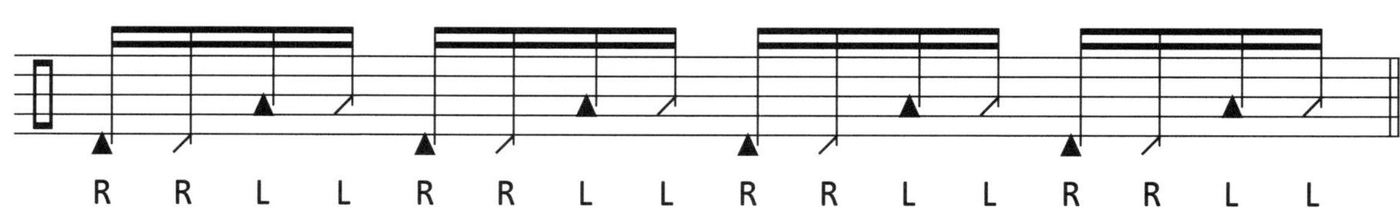

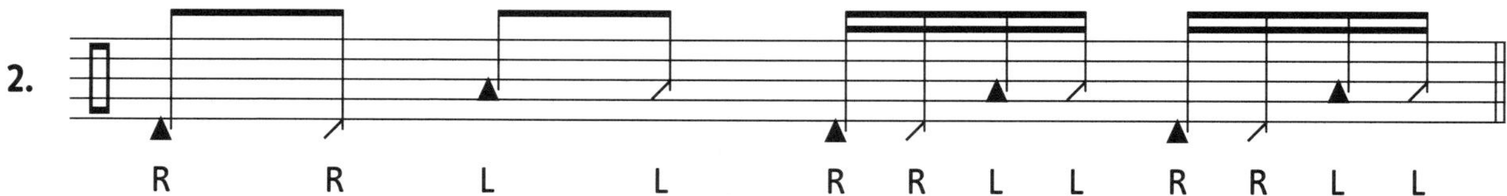

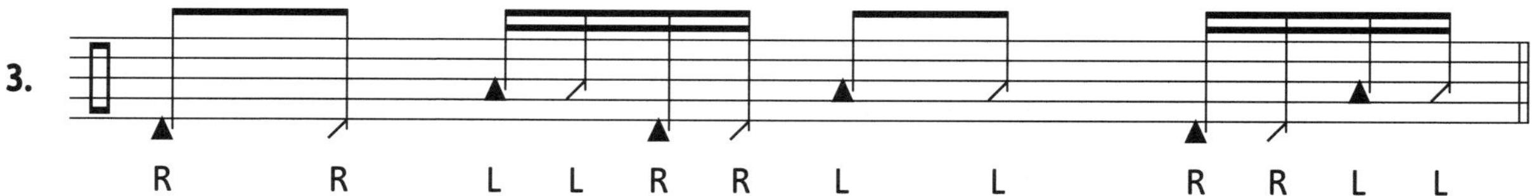

36

Doubles: Floating Hand & Open, 1

EINLEITUNG · BASICS · ÜBUNGEN · RHYTHMEN · ENSEMBLE · KOORDINATION · FILLS | SOLO · ANHANG

37

28 Doubles: Floating Hand & Open, 2

38

Doubles: Verschiebung

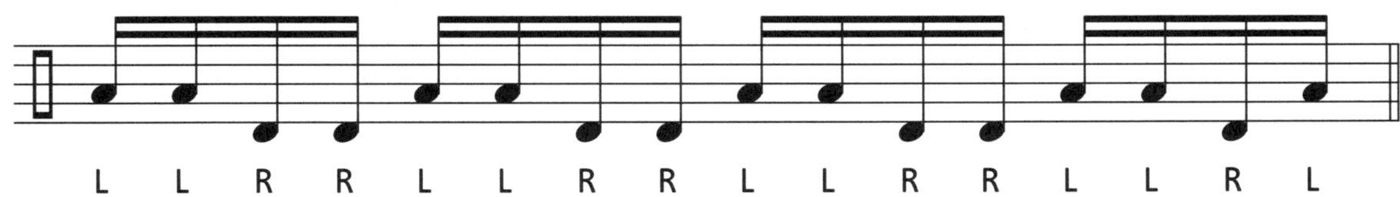

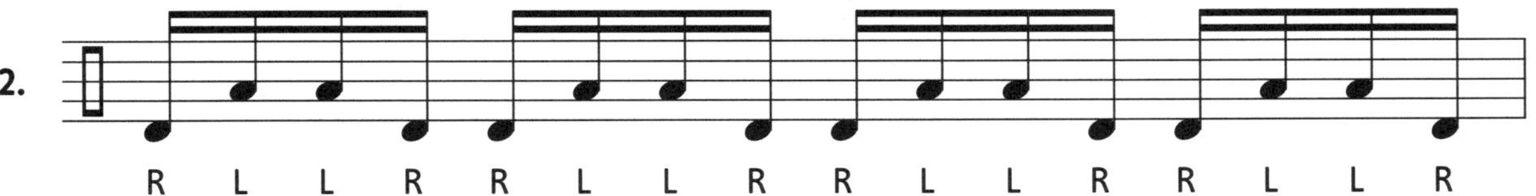

EINLEITUNG · BASICS · ÜBUNGEN · RHYTHMEN · ENSEMBLE · KOORDINATION · FILLS|SOLO · ANHANG

39

Doubles & Singles

40

Doubles & Paradiddles

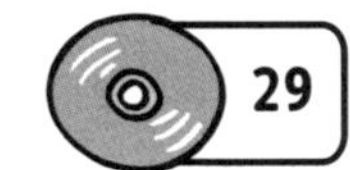

41

Paradiddles: Open & Slap

92

42

Paradiddles: Half- & Doubletime

1.

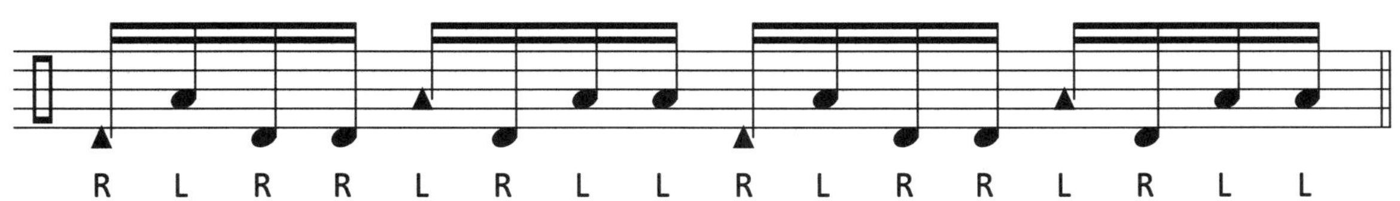

2.

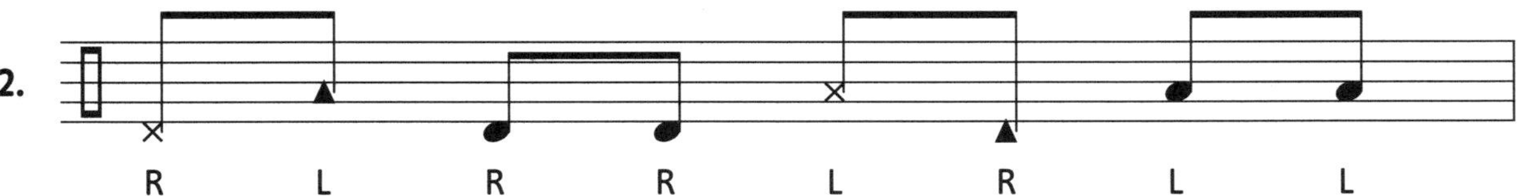

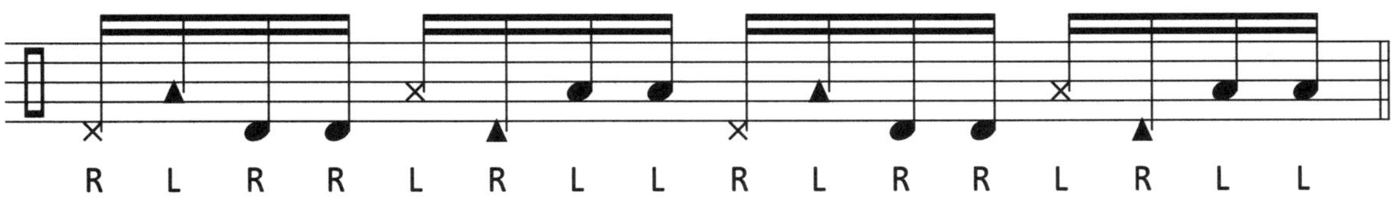

43

Paradiddles: Bass, Slap & Open

1.

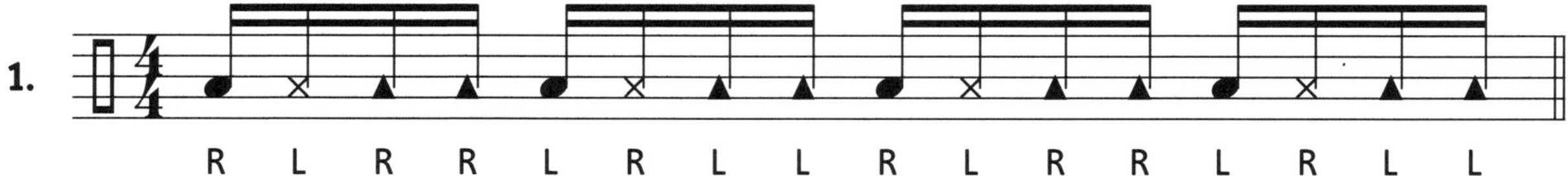

2.

3.

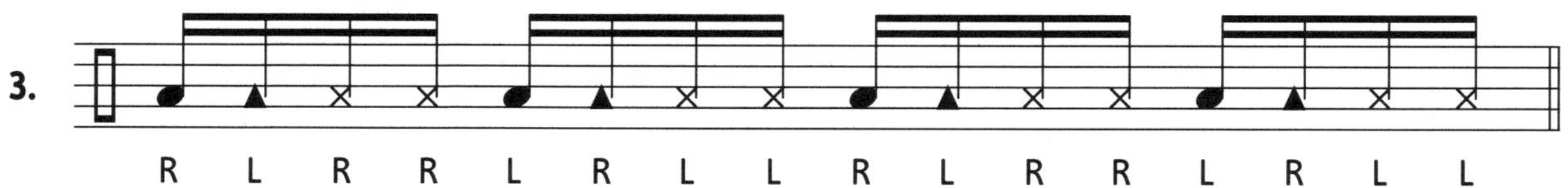

4.

44

Paradiddles: Verschiebung

1.

2.

3.

4.

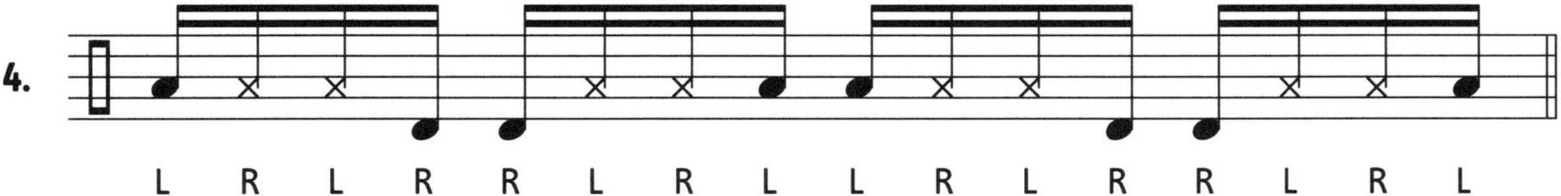

45

Paradiddles: Slap, Open & Floating Hand

1.

2.

3.

4.

46

Paradiddles: Floating Hand

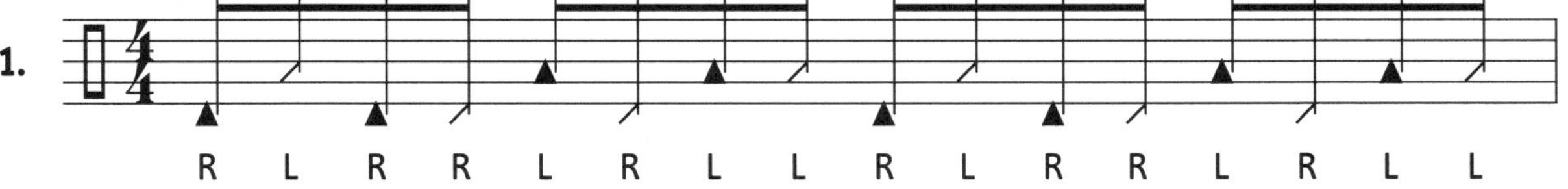

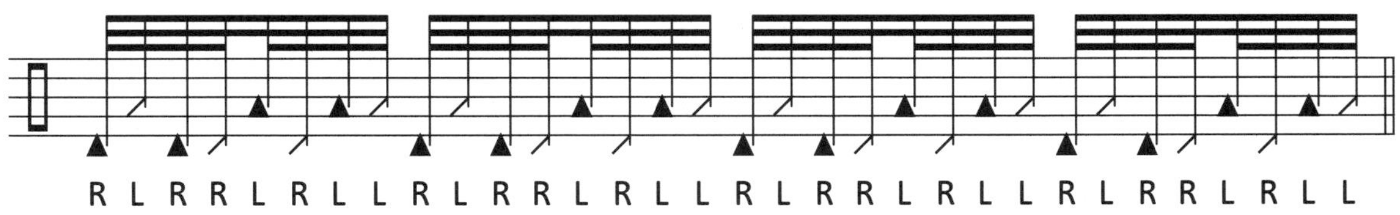

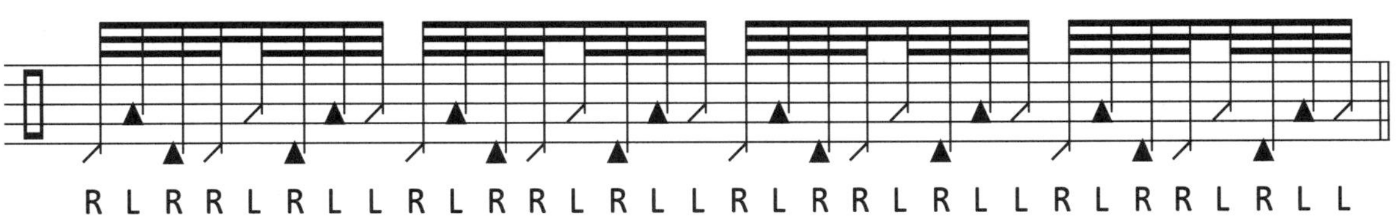

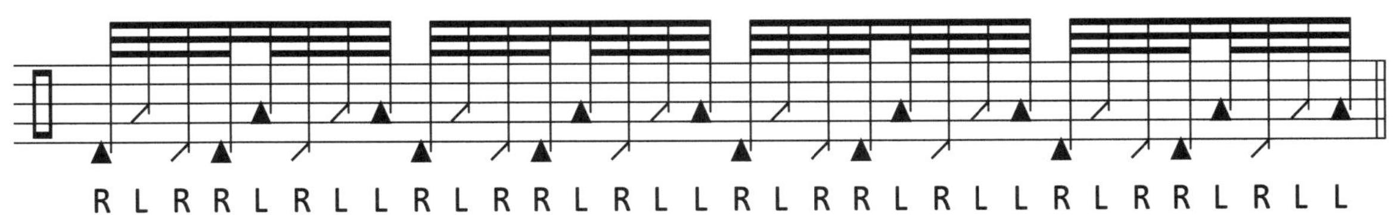

47

Paradiddles: Slap, Veschiebung

48

Paradiddles: 16tel, Sextolen, 32stel

49

Doubleparadiddles

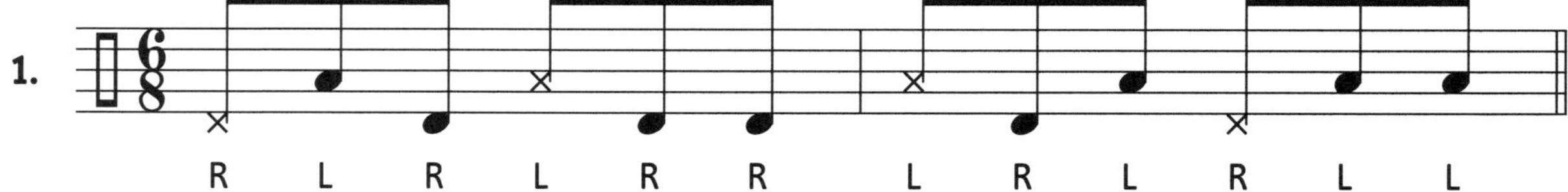

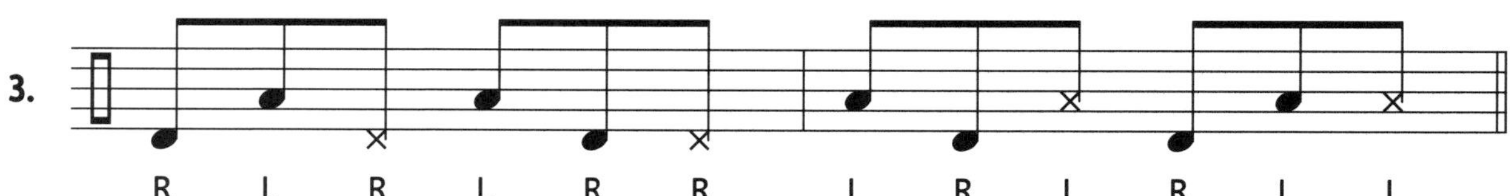

50

Paradiddles & Doubleparadiddles

1.

2.

51

Trippleparadiddles

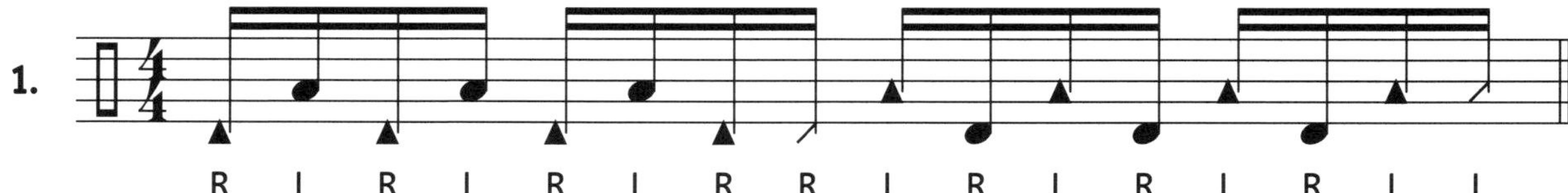

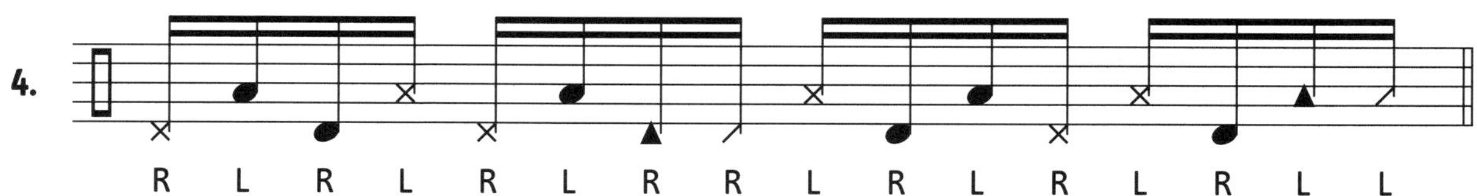

52

Flams, 1

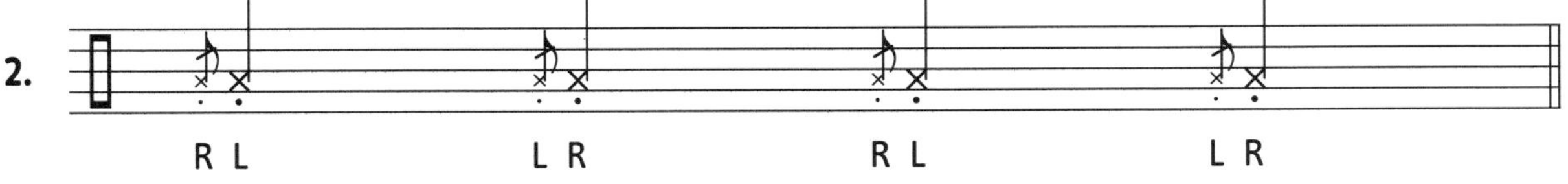

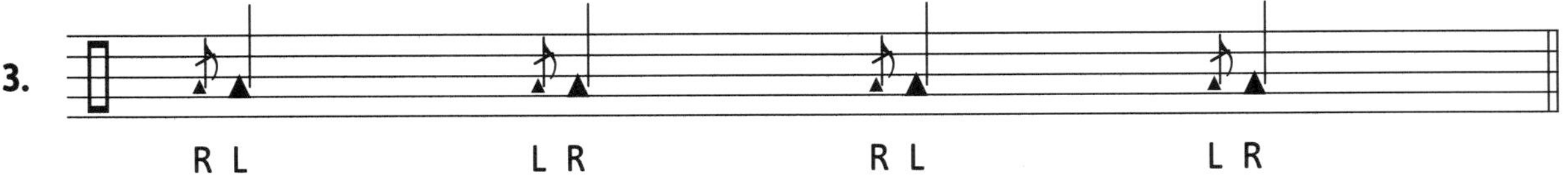

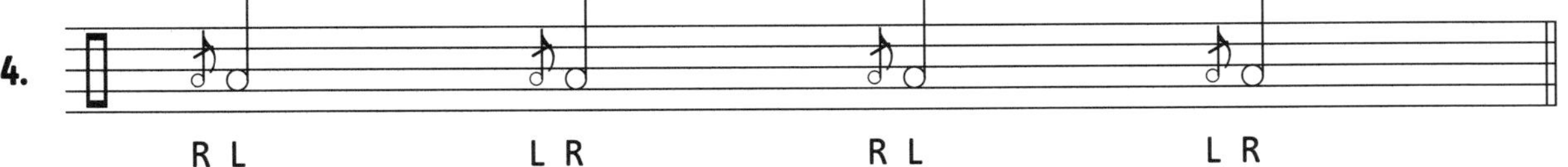

53

Flams, 2

1.
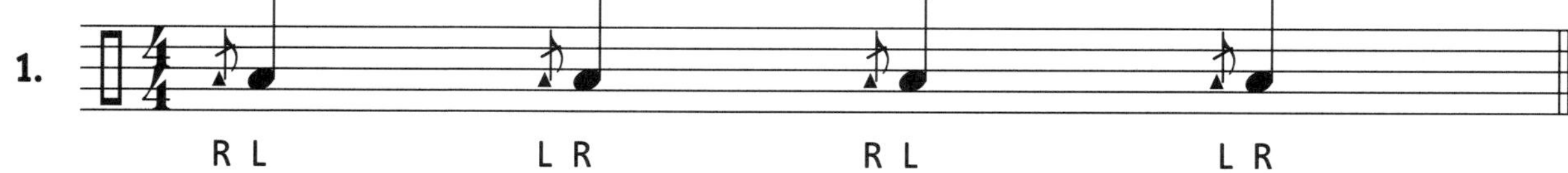

2.
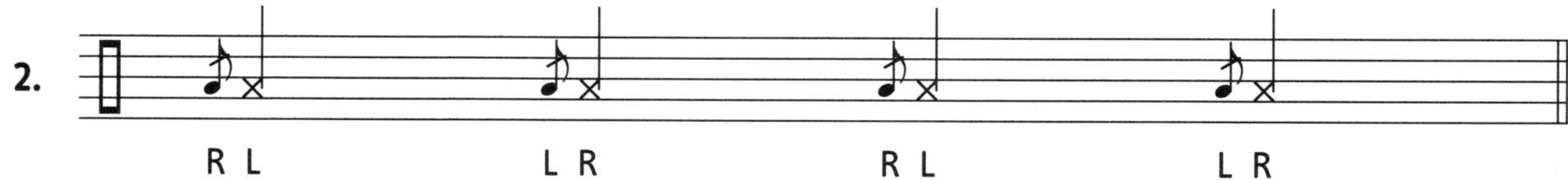

3.
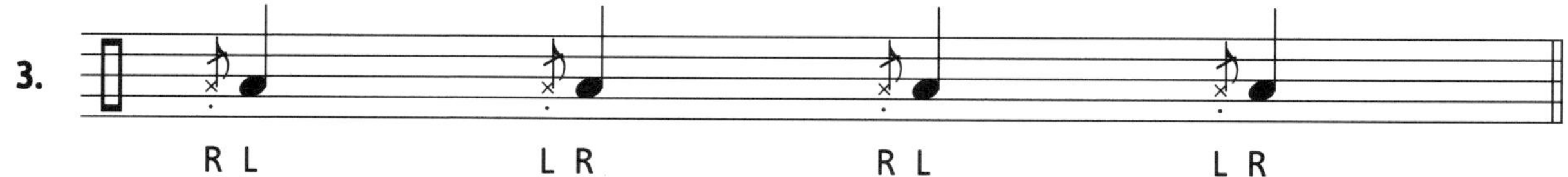

4.
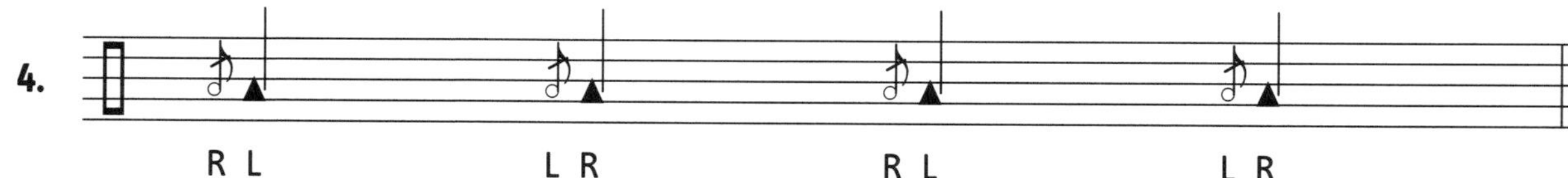

5.
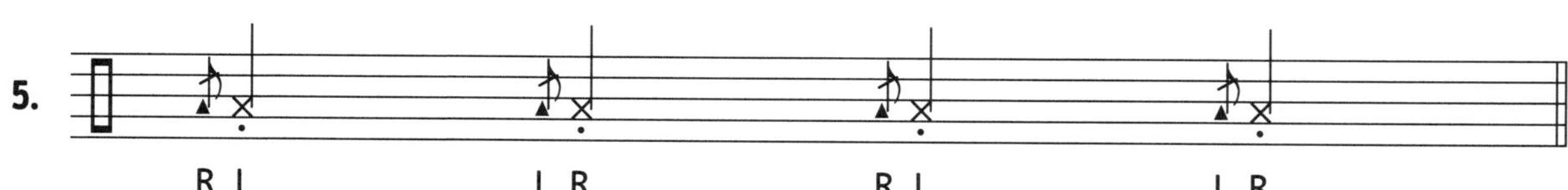

54

16tel mit Flams

1.

2.

3.

4.

55

Triolen mit Flams

1.

2.

3.

4.

56

Paradiddles mit Flams

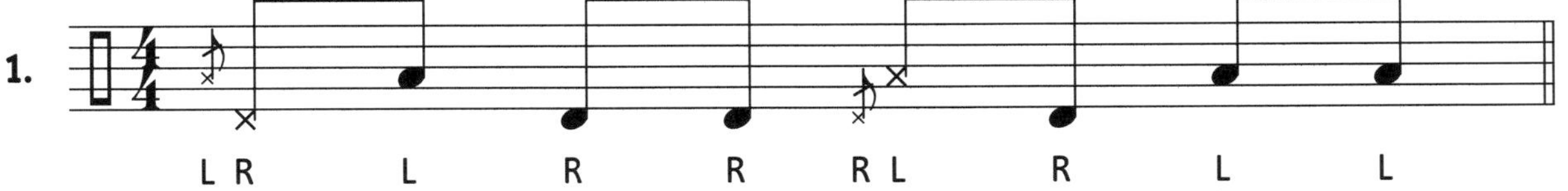

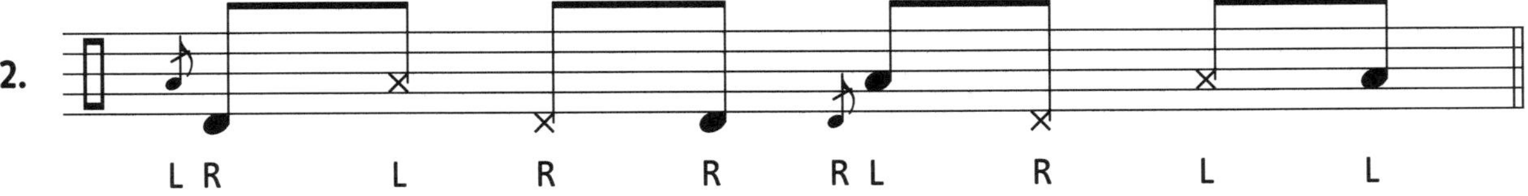

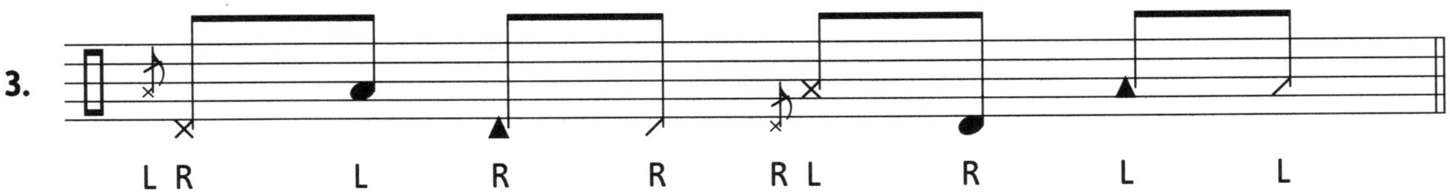

4 RHYTHMEN

Dieses Kapitel beinhaltet eine breite Palette traditioneller und moderner Rhythmen aus

Cuba, Afrika, Brasilien und der Karibik. Außerdem gibt es verschiedene Grooves für Pop,

Funk und Jazz, darunter auch ein paar Eigenkreationen. Zum leichten Auffinden der

Rhythmen sind die Titel alphabetisch geordnet.

A CABALLO

Cuba

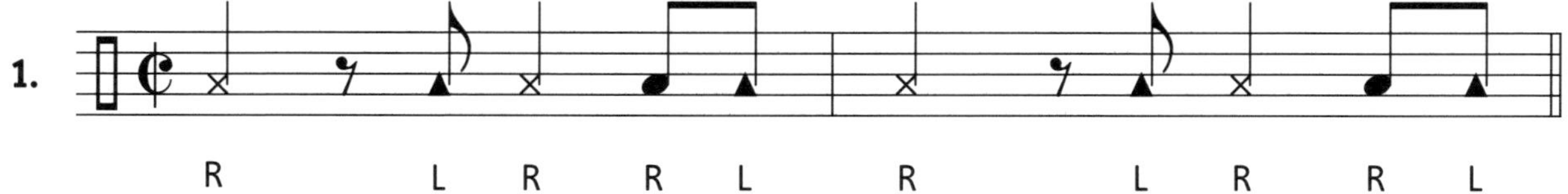

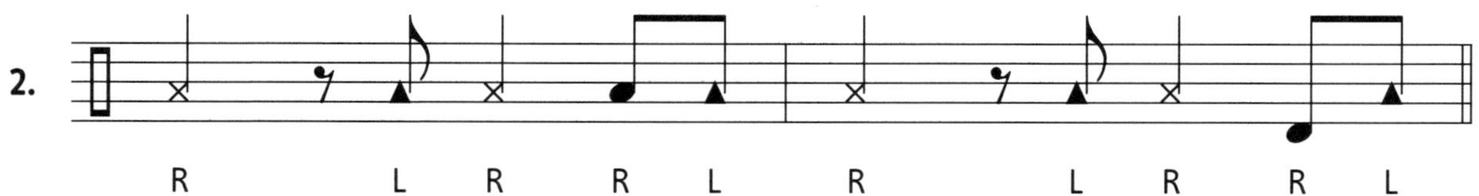

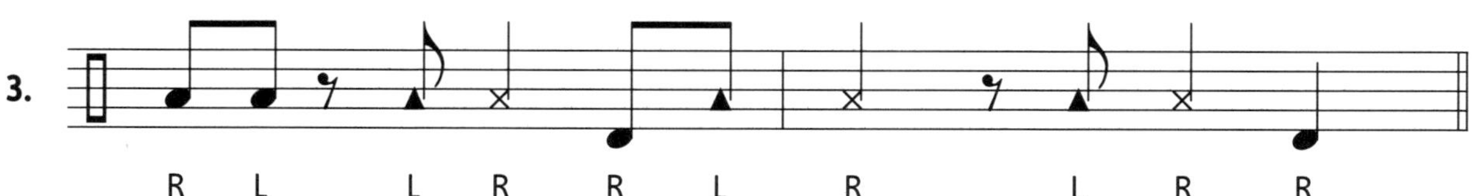

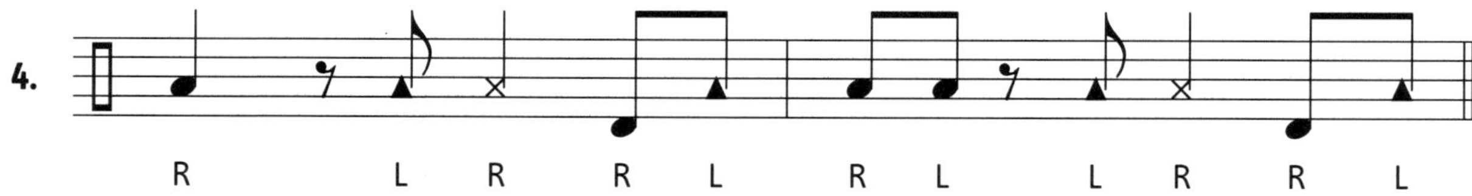

*) Im Kapitel „Rhythmen" wird jede Version 4x gespielt.

A CABALLO

Variationen

1.
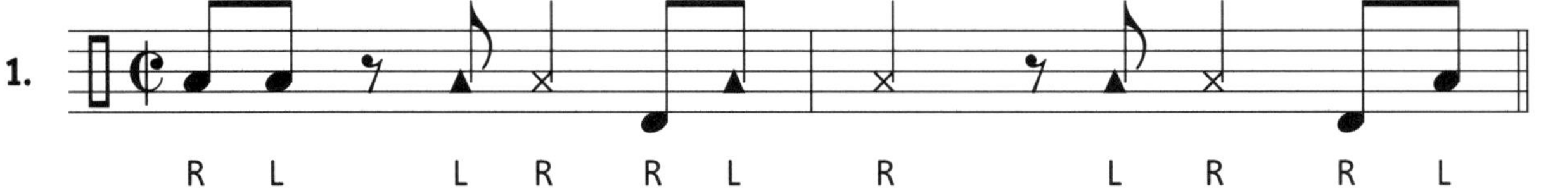

2.
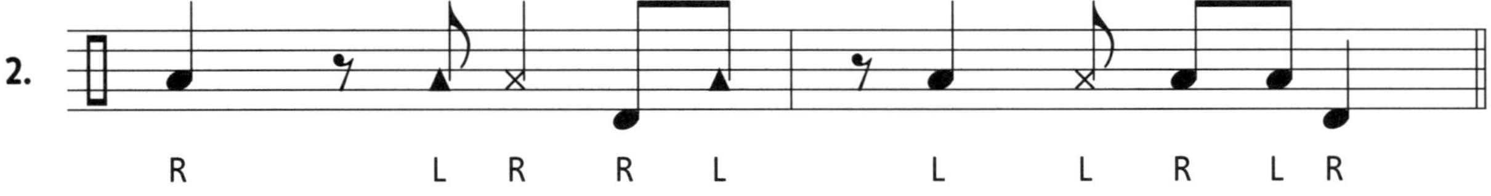

3.
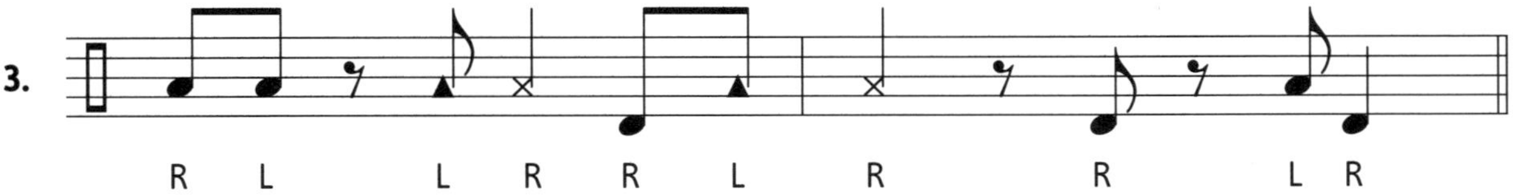

4.
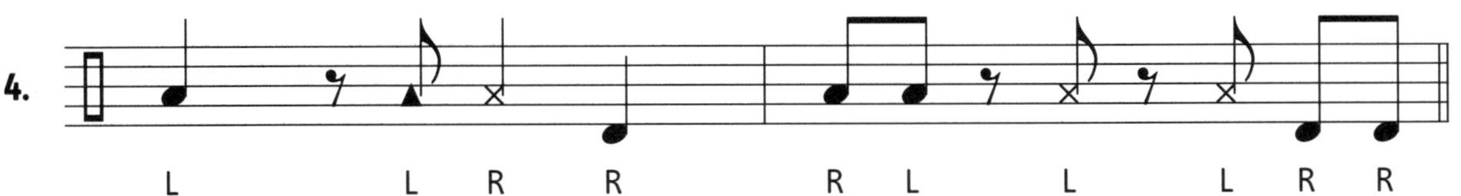

5.
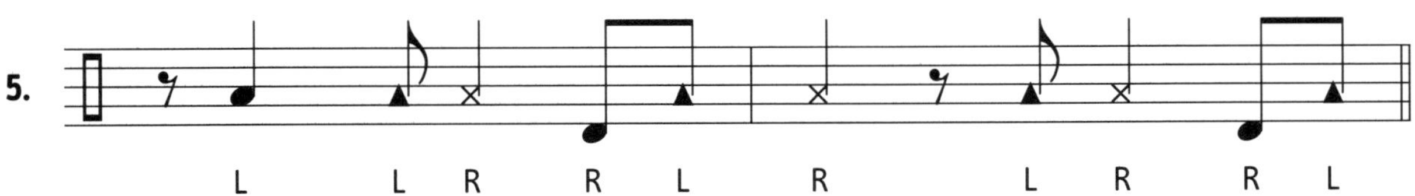

6.
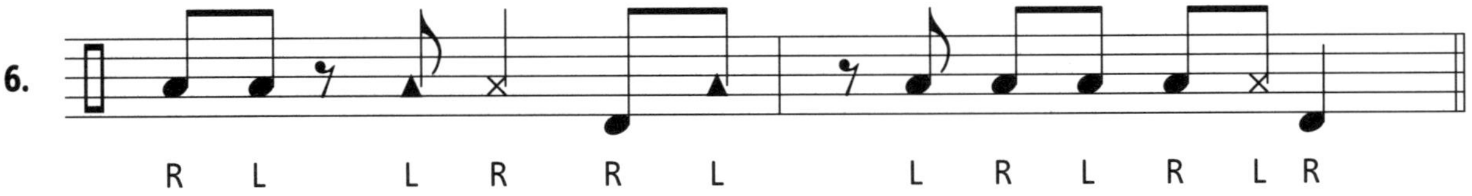

AFRO 6/8

1.

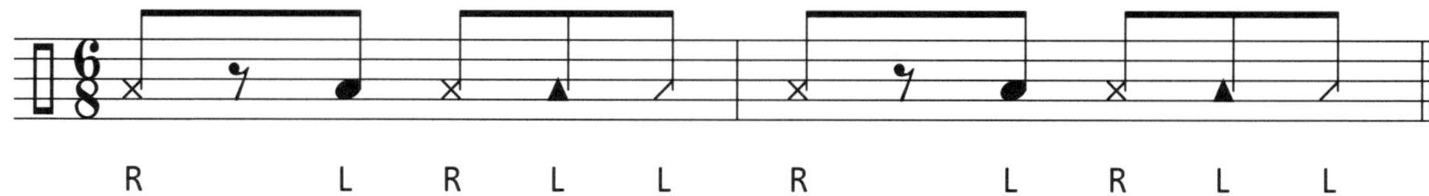

2.

3.

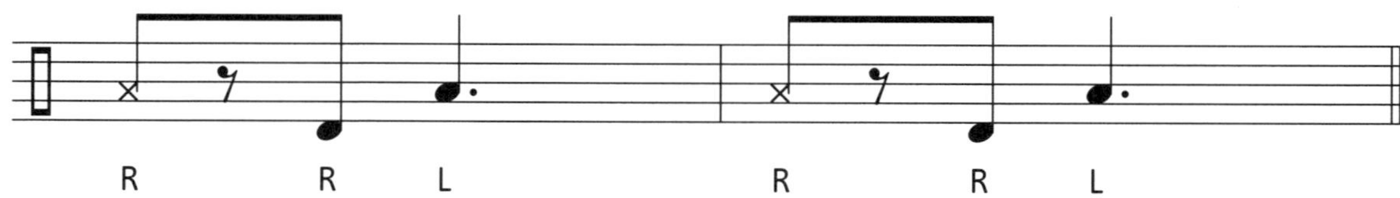

4.

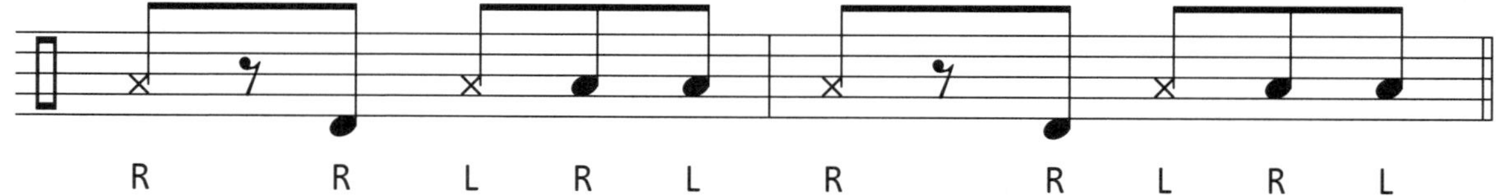

AFRO-CUBAN 6/8

Cuba

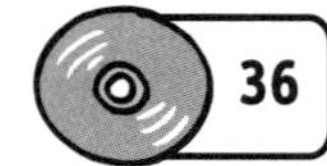

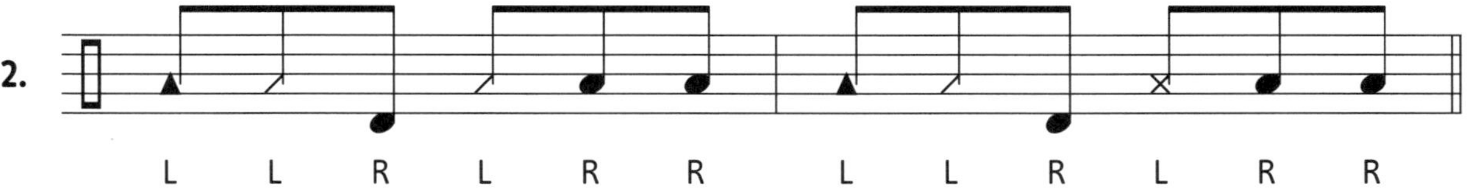

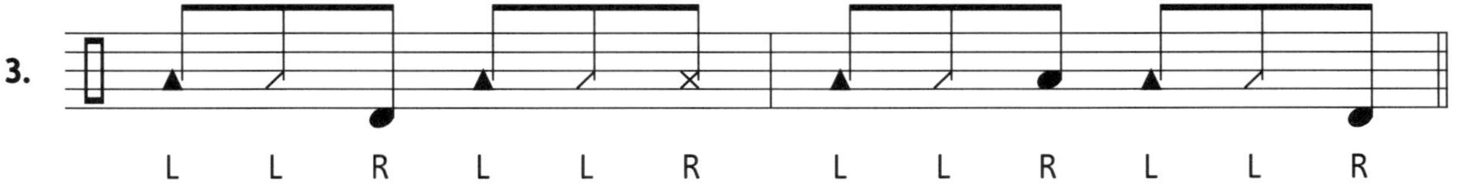

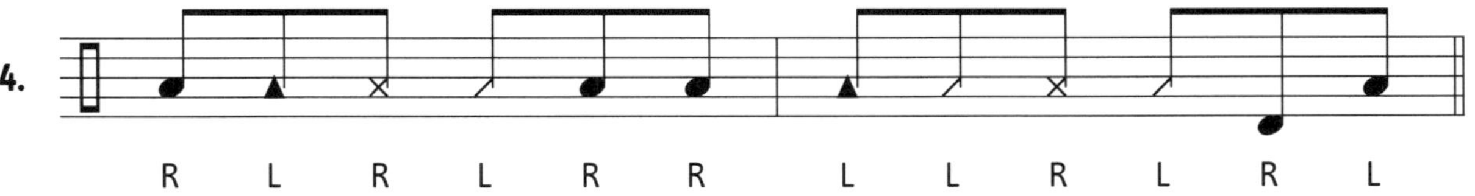

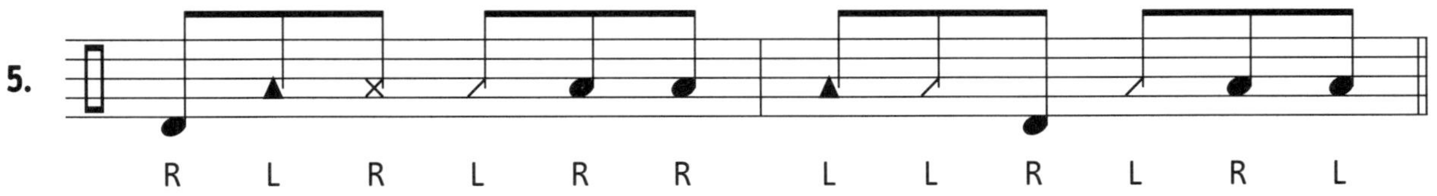

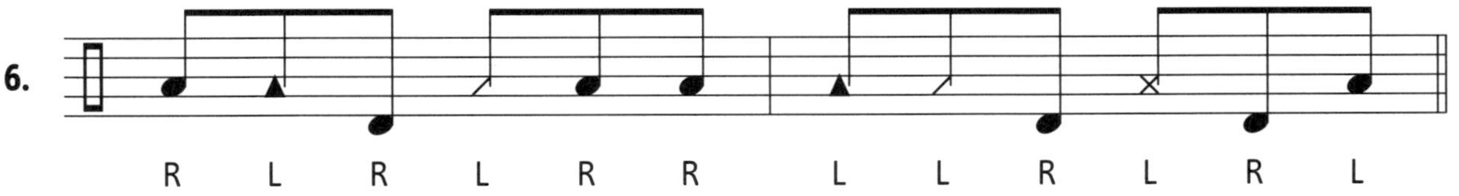

BEMBÉ

Cuba

37

1.
12
8
L L R L L L R L L R L L R

2.
L L R L LR R L L R L LR R

3.
L L R L R L R L R L L R L R L R

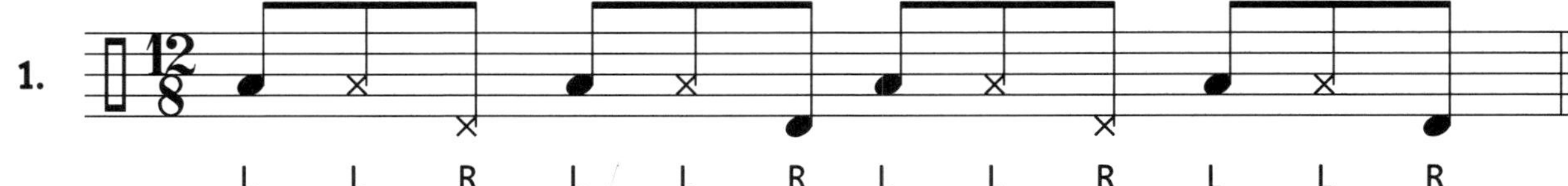

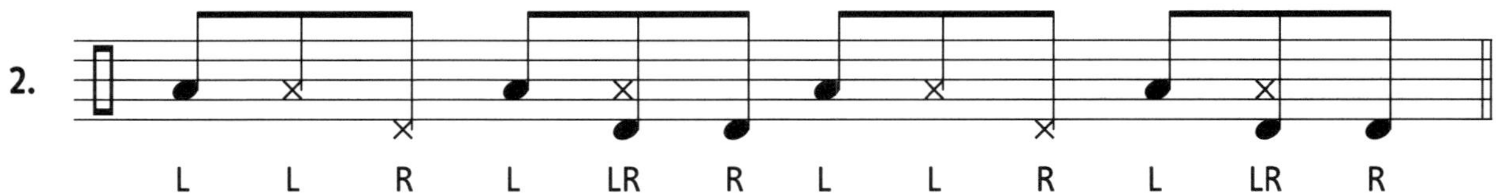

BEMBÉ

Variationen

1.
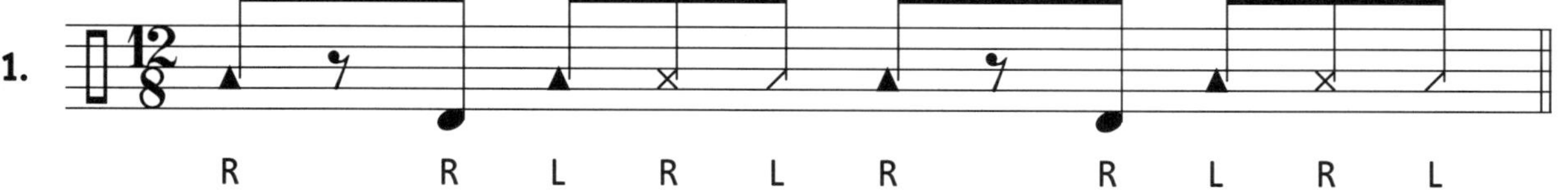

2.

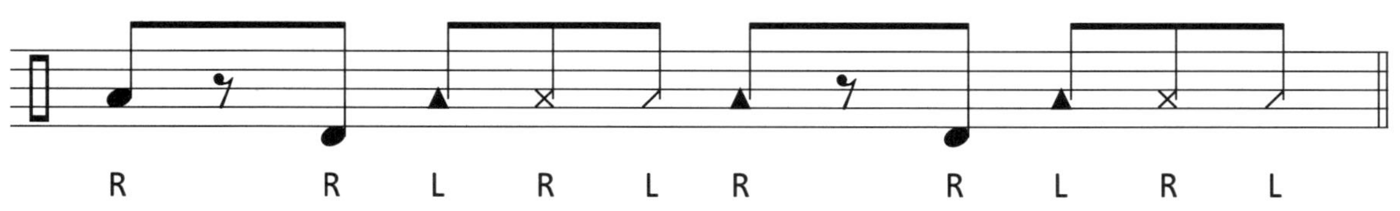

3.
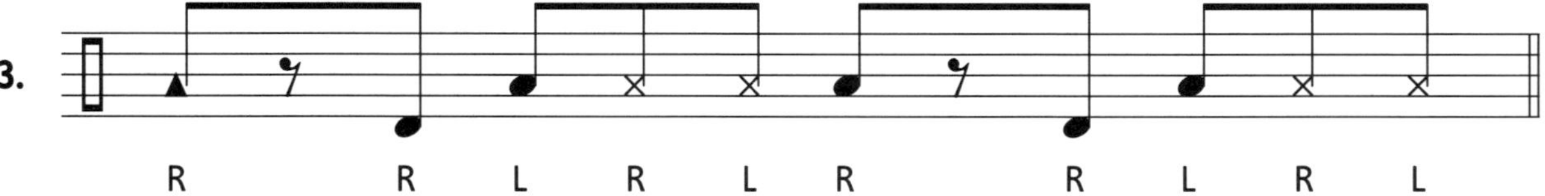

4.

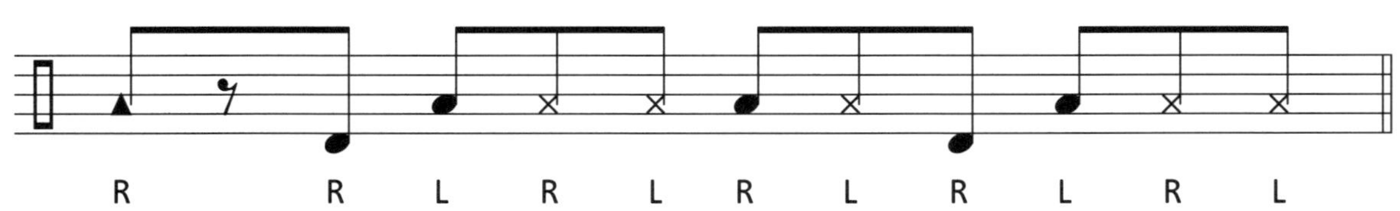

BOLERO

Cuba

1.
L L R L L R L R   L L R L L R L R

2.
L R R L L R L R   L L R L L R L R

3.
L L L R L L R L R   L L L R L L R L R

4.
L L L R L L R L R   L L R L R L R L R

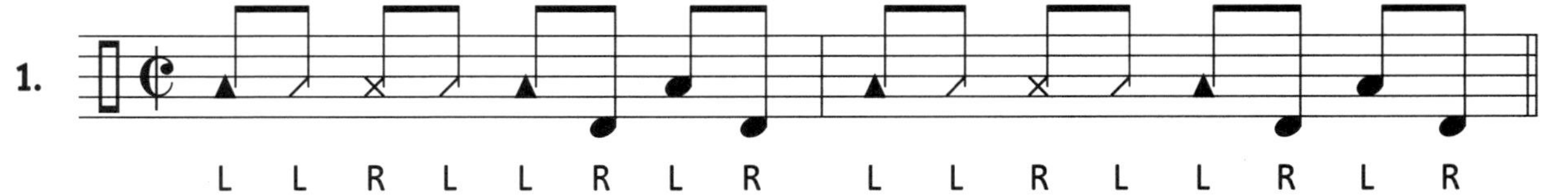

BOMBA

Puerto Rico

1.
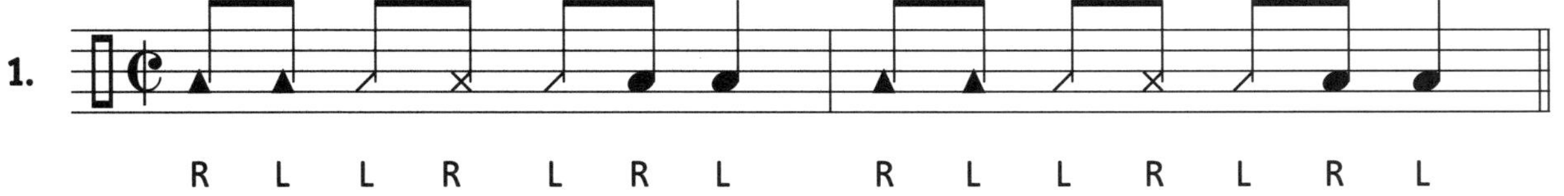

2.
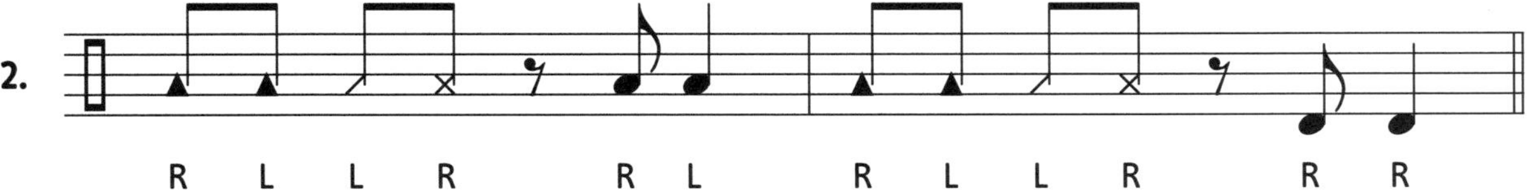

3.
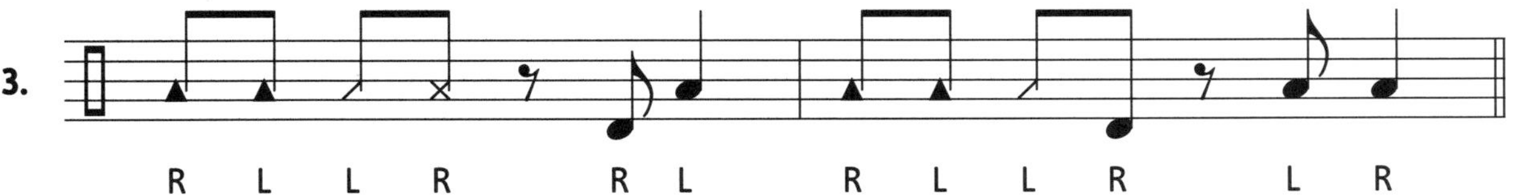

4.
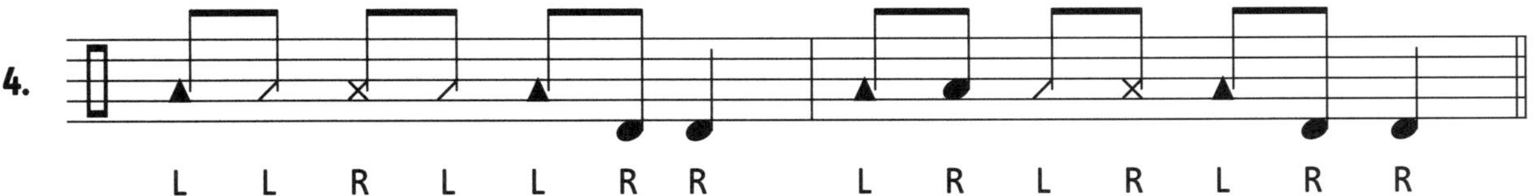

BOMBA

Variationen

1.

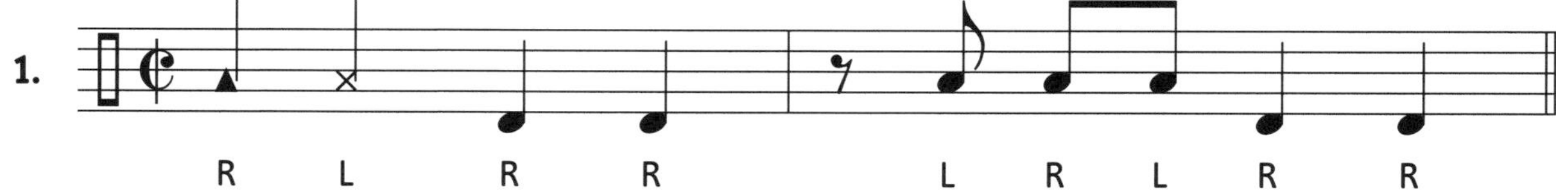

2.

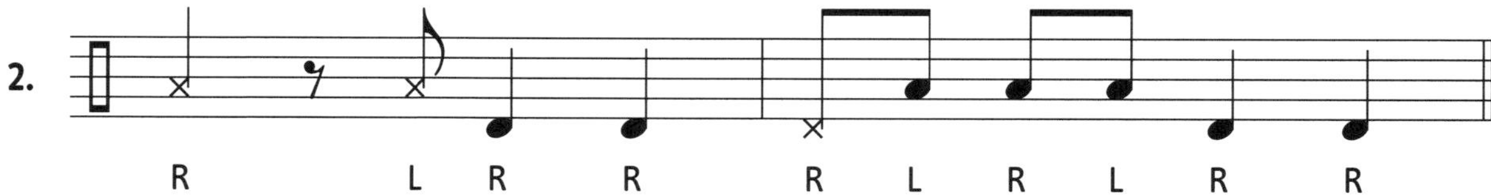

3.

4.

BOSSA NOVA

Brasilien

EINLEITUNG · BASICS · ÜBUNGEN · RHYTHMEN · ENSEMBLE · KOORDINATION · FILLS | SOLO · ANHANG

BOSSA NOVA

Variationen

1.

2.

3.

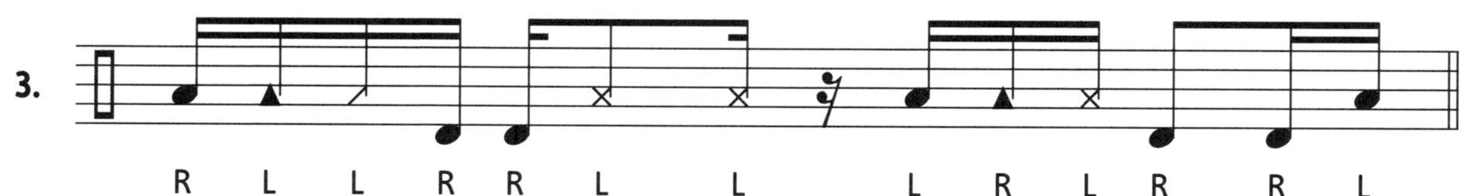

4.

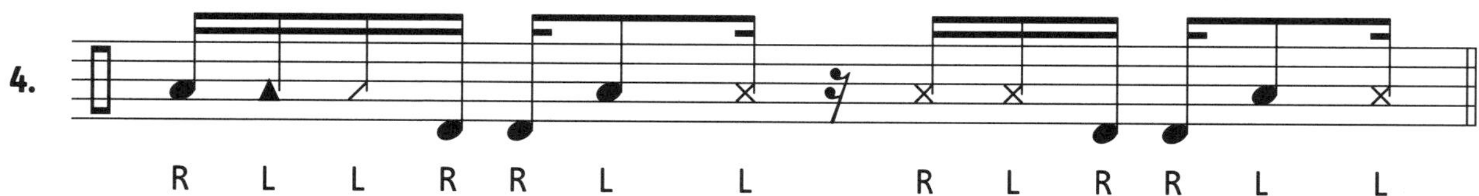

CALYPSO

Trinidad

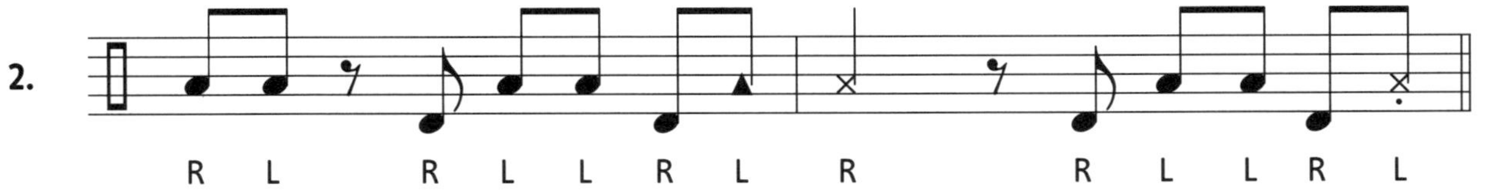

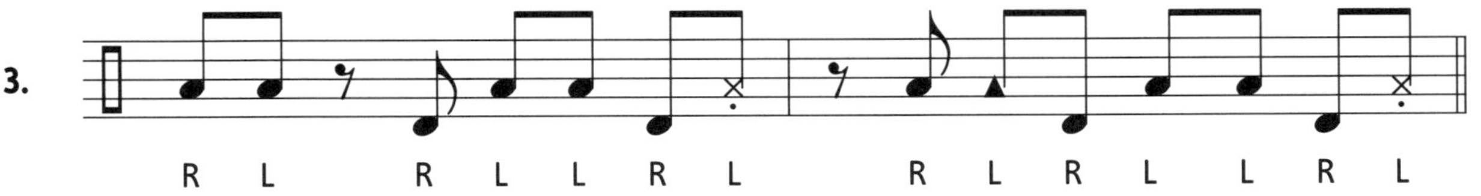

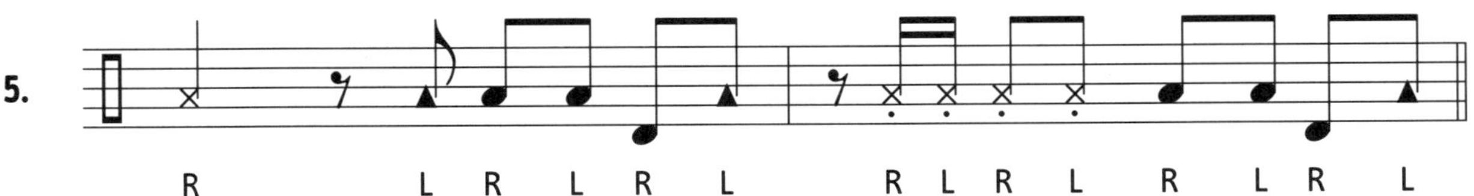

CHA-CHA-CHA

Cuba

CHACHALOBAFU

Cuba

3/2-Rumba Clave

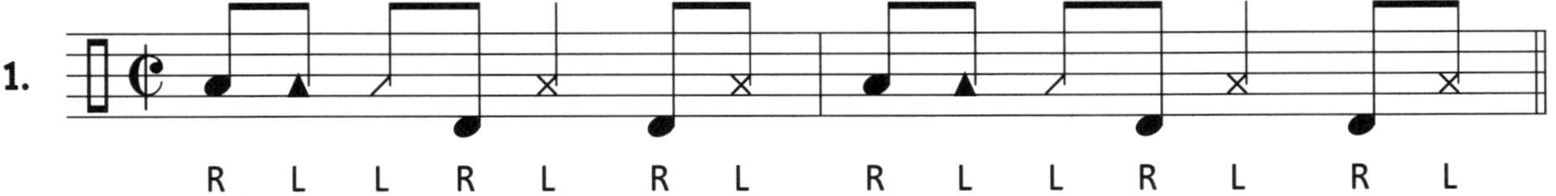

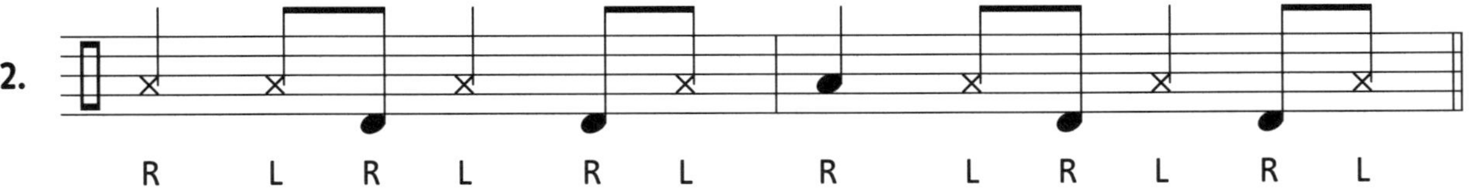

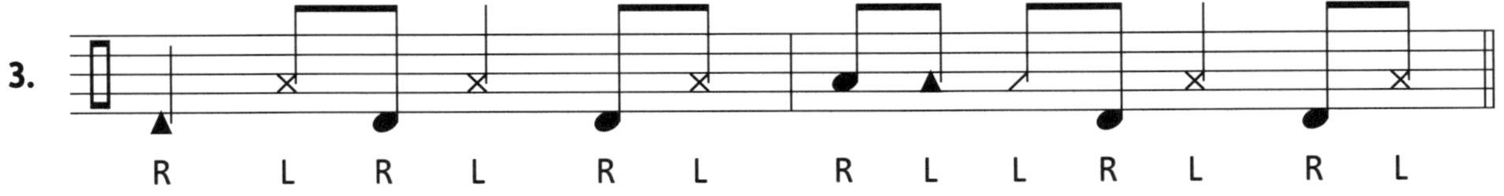

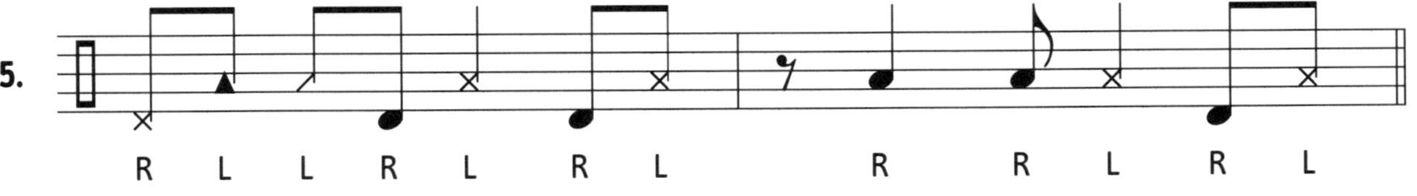

DANCE GROOVE

4-taktig

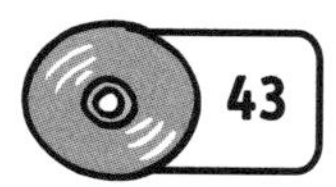

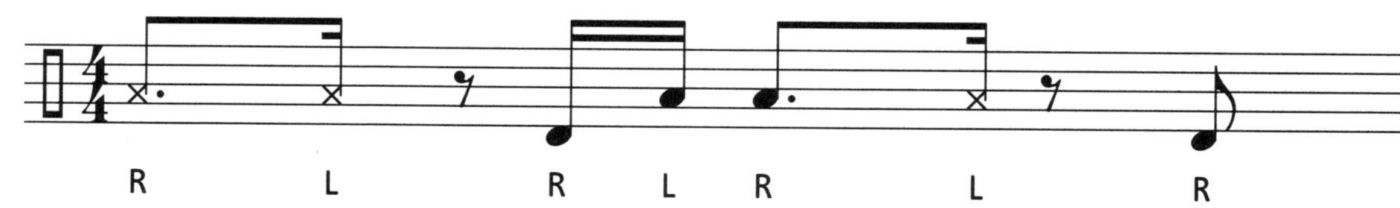

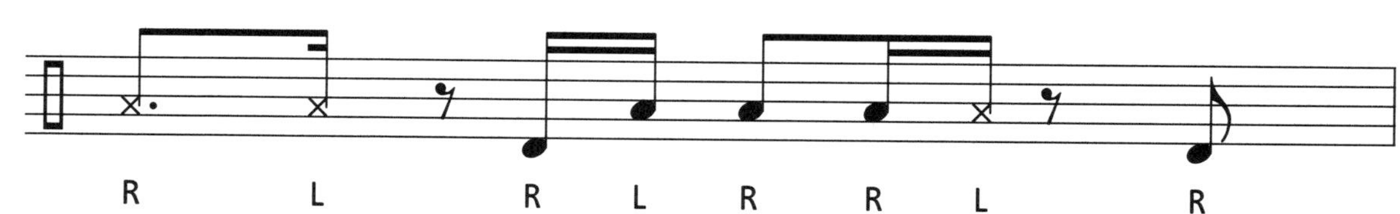

DANCE GROOVE

Mozambique-Style, 4-taktig

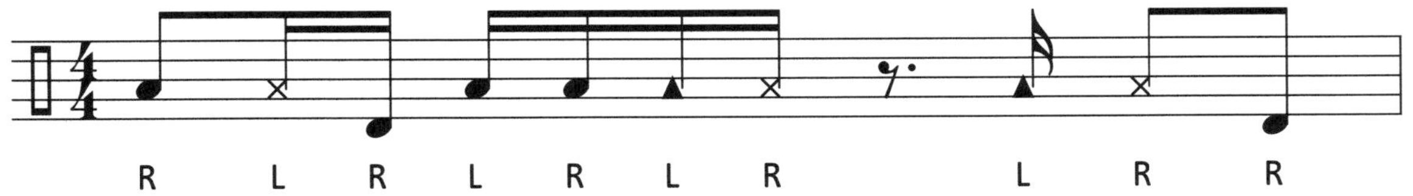

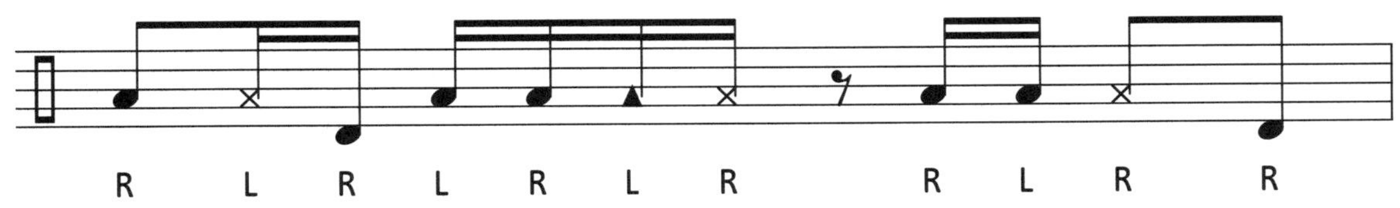

DANCE GROOVE

Up-Tempo, 4-taktig

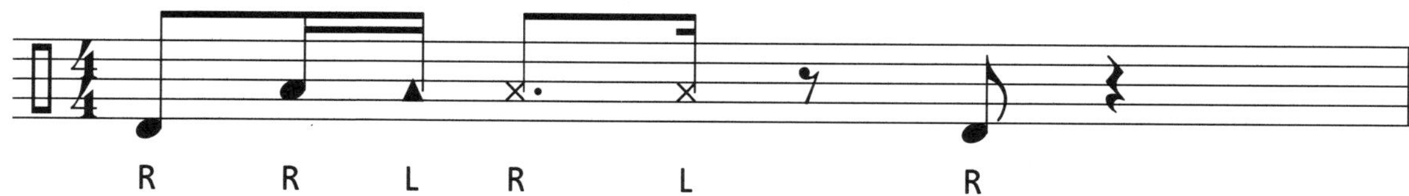

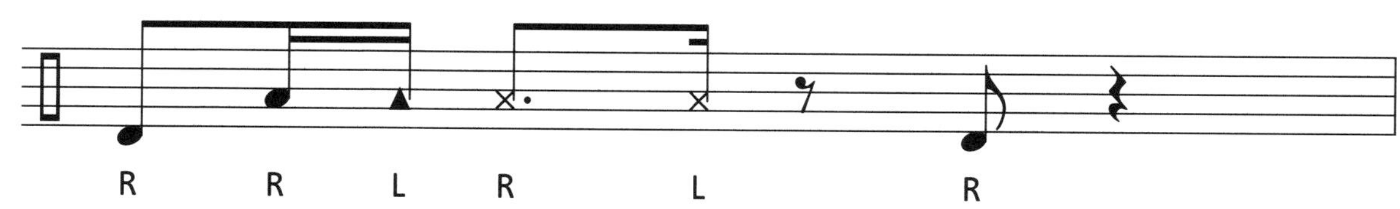

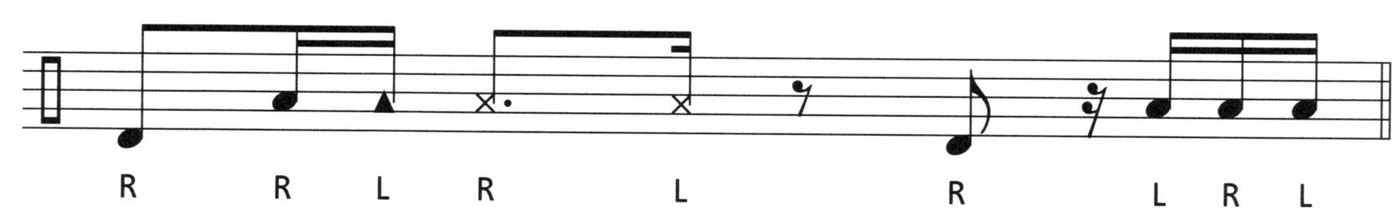

FUNKY

1

FUNKY

2

1.

R   R   R   L   L   R   R   R

R   R   R   L   L   R   R   R   L

2.

R   R   R   L   R   L   R   R

R   R   R   L   L   L   R   R   L

3.

R   R   L   R   L   L   R   L   R   L

4.

R   R   L   R   R   L   L   R   L   R   L   R   L

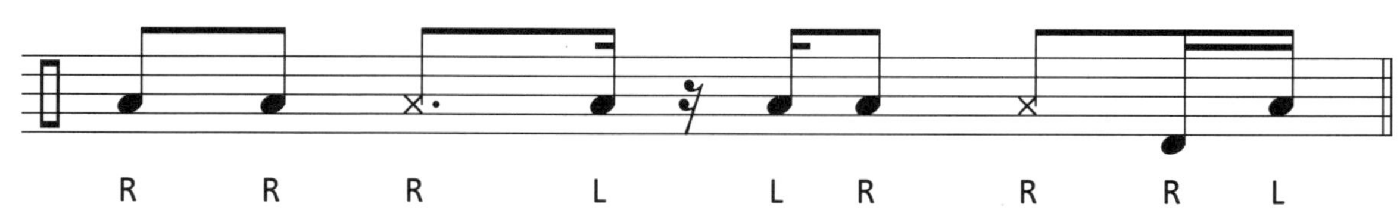

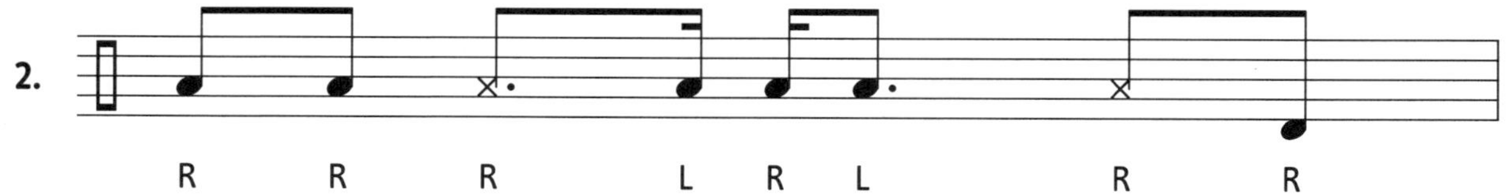

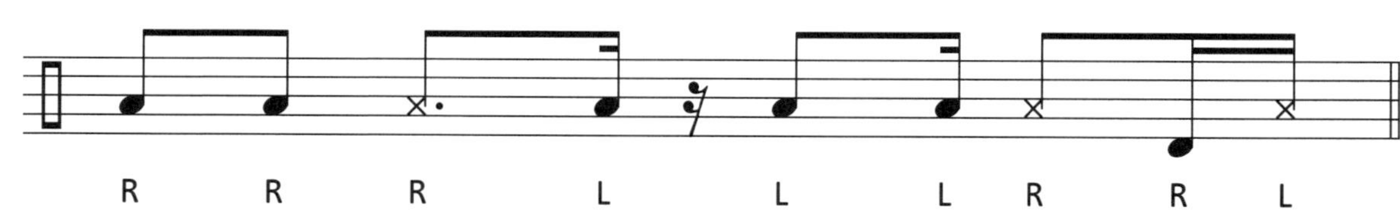

FUNKY

3

1.
R R L R L L R L R

2.
R R L R L L R L R R

3.
R L R L R L L L R R

4.
R R L R L L R L R L

5.
R R L R L R L R R L

GUAGUANCÓ

Cuba

3/2-Rumba Clave

1.

2.
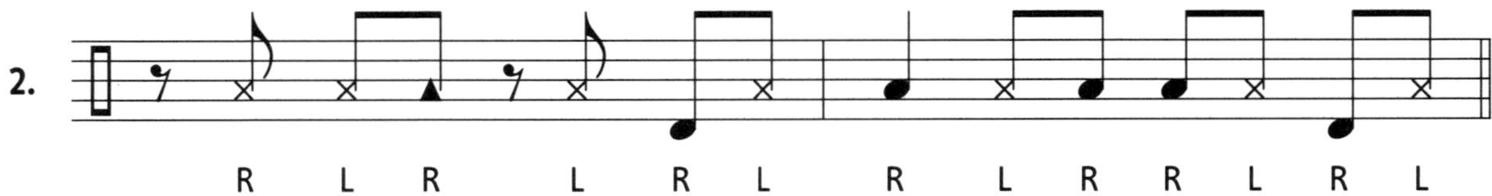

3.
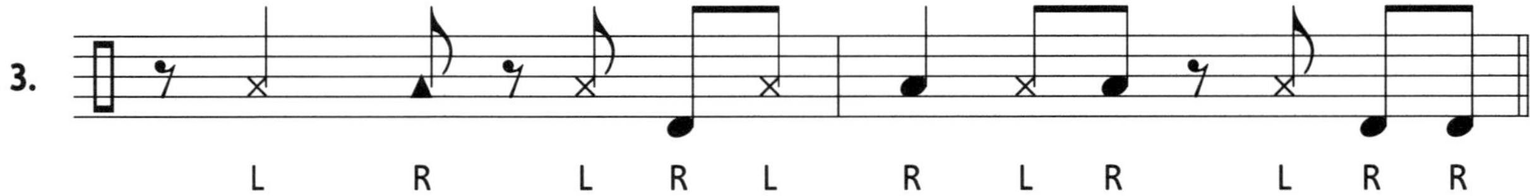

4.
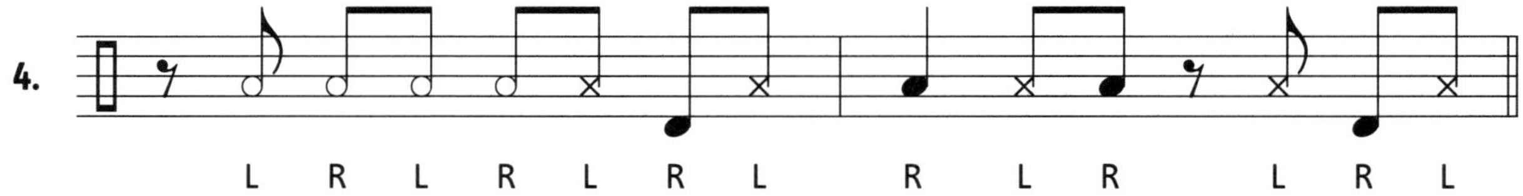

5.
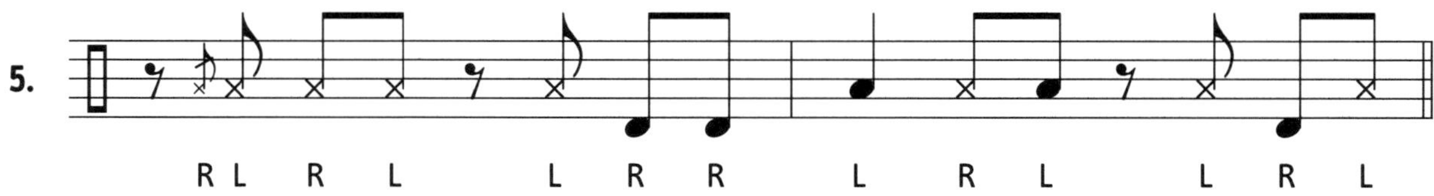

GUAGUANCÓ

Variationen

3/2-Rumba Clave

1.

2.
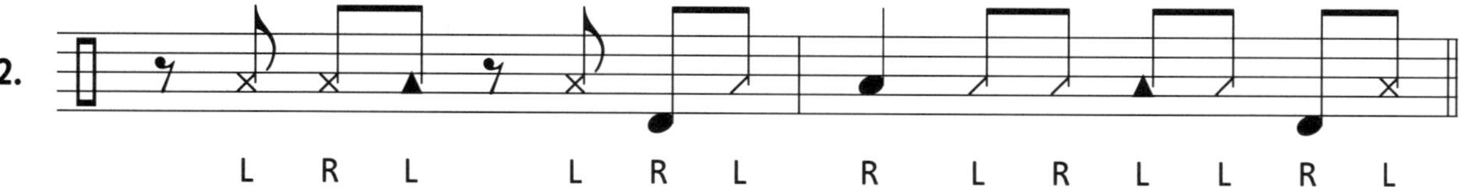

3.

4.
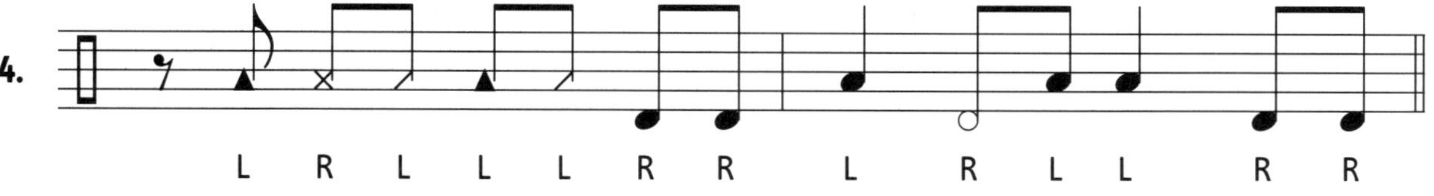

5.
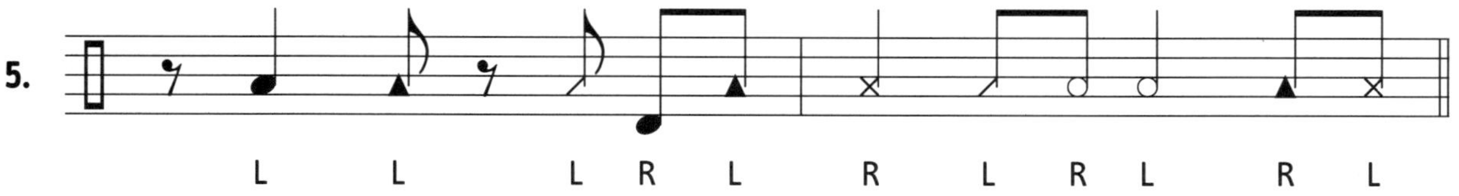

6.

MOZAMBIQUE

Cuba

2/3-Rumba Clave

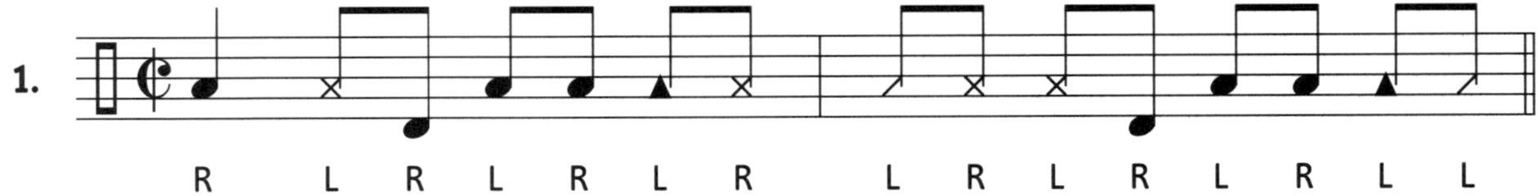

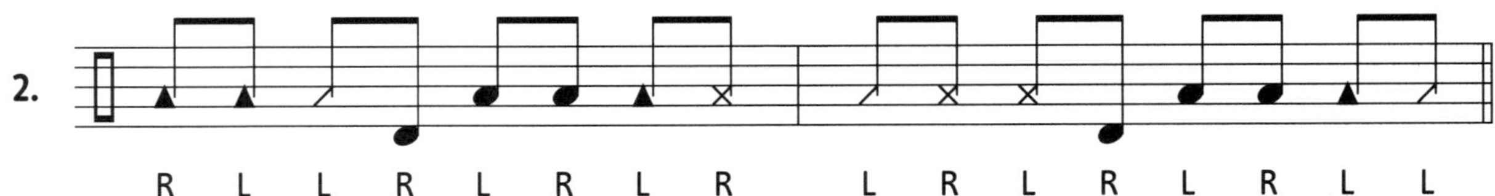

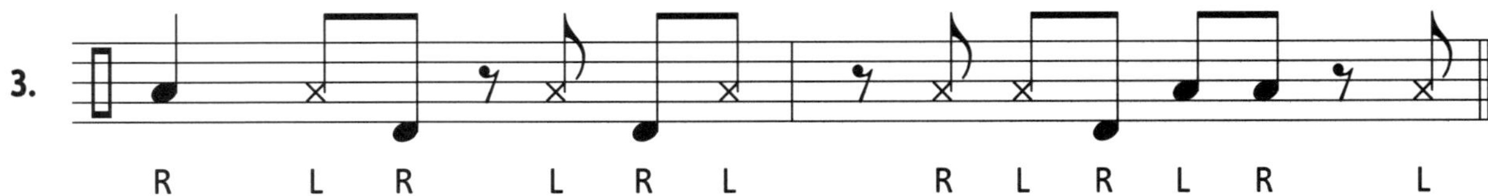

MOZAMBIQUE

Variationen, 1

2/3-Rumba Clave

1. 

2. 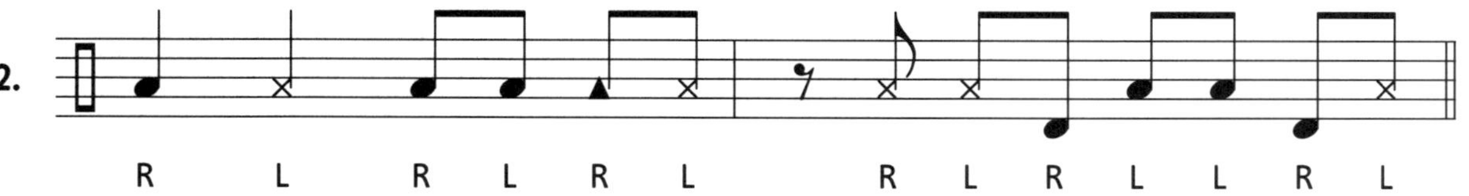

3. 

4. 

MOZAMBIQUE

Variationen, 2

2/3-Rumba Clave

1.

2.
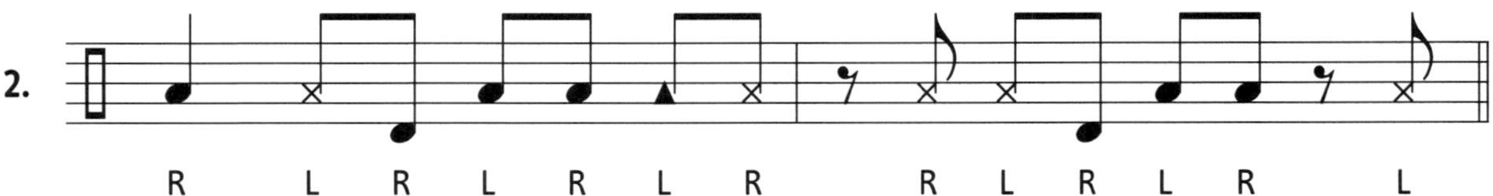

3.

4.
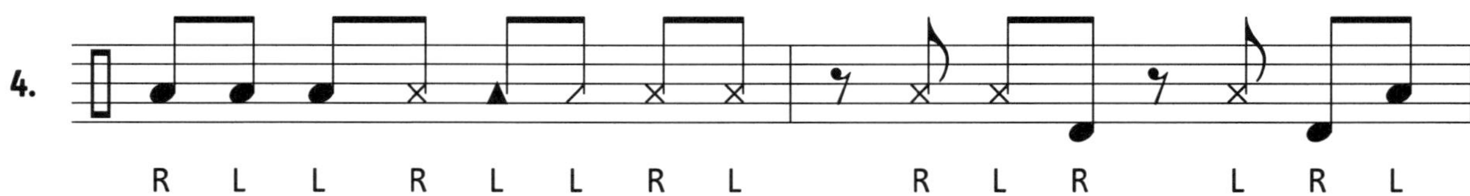

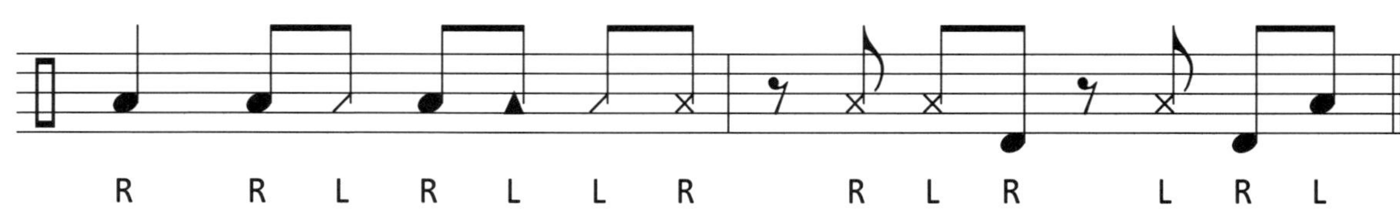

PALO

Cuba

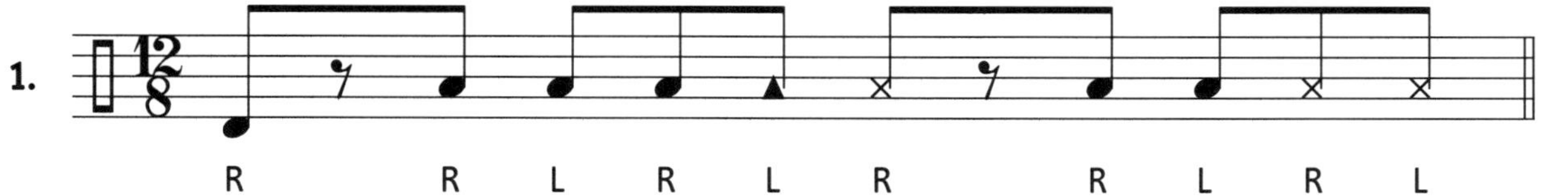

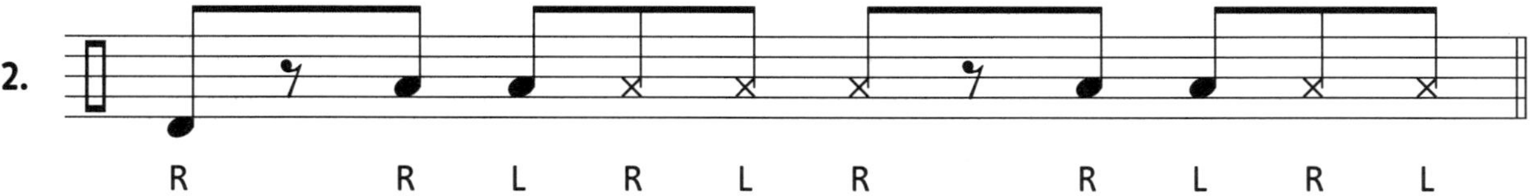

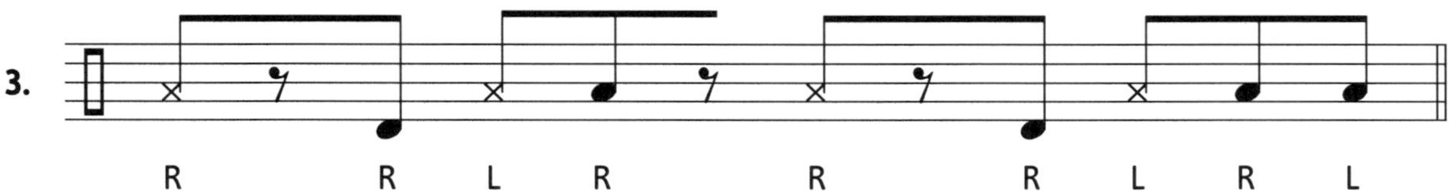

PARTIDO ALTO

Brasilien

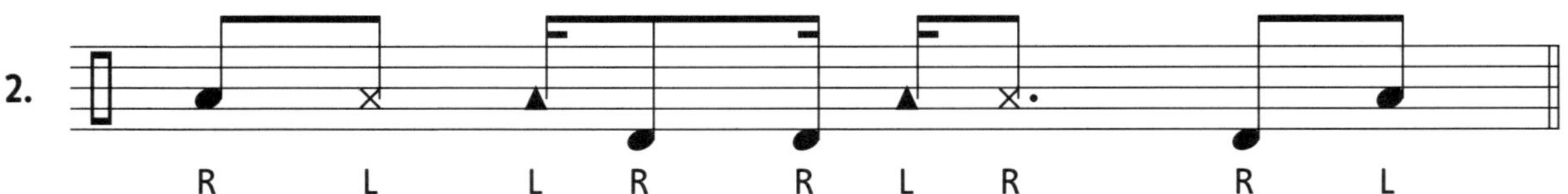

POP

1

1.

2.

3.
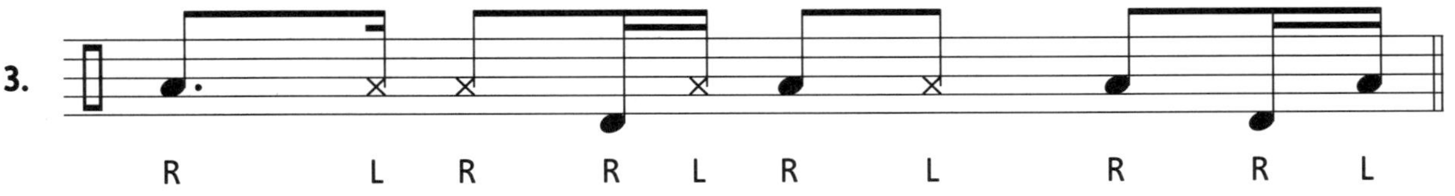

4.

POP

2

1.
R L R L R L R L

2.
R L R L R L L R L

3.
R L R L R L R L R

4.
R L L L R L R R L R L L R L R

5.
R L L R L R R L R L L L R L R L

6.
R L L R L R R L L R L R

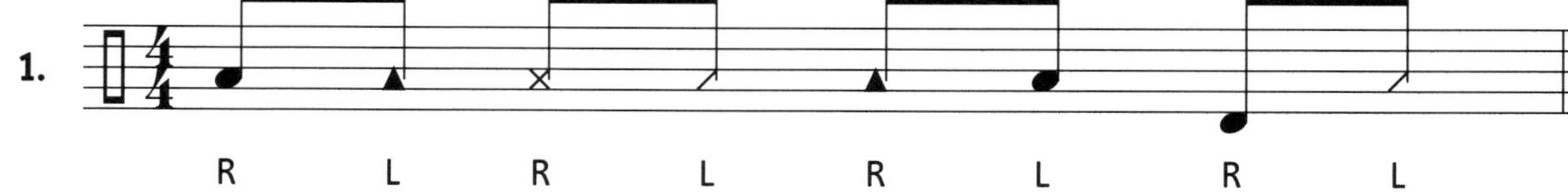

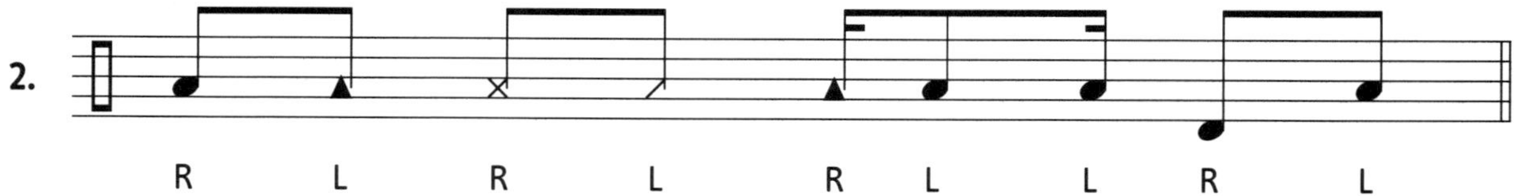

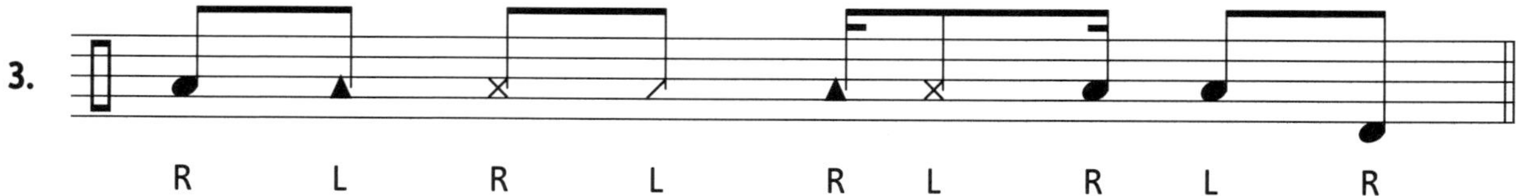

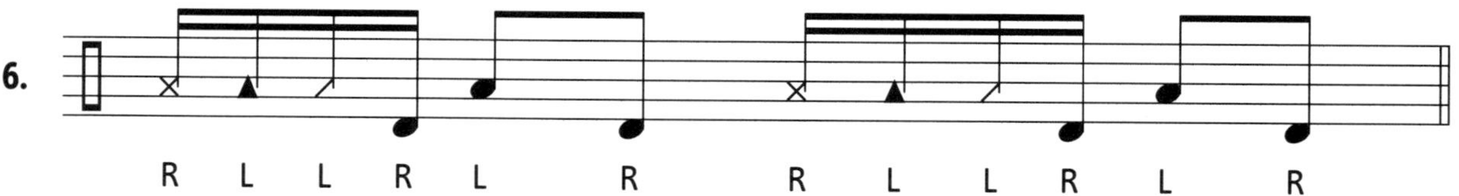

POP

3

1.

2.

3.

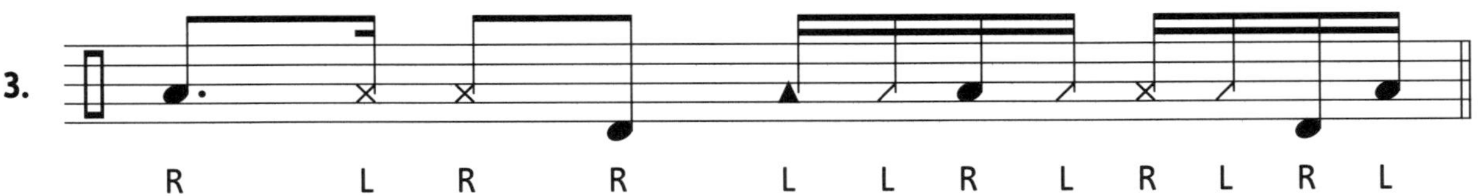

4.

POP-KUKU

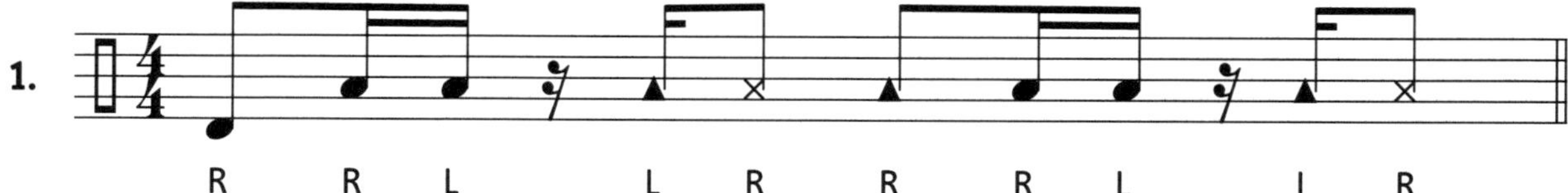

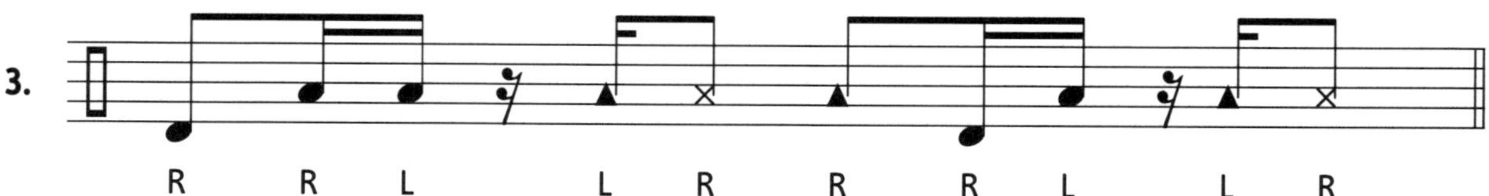

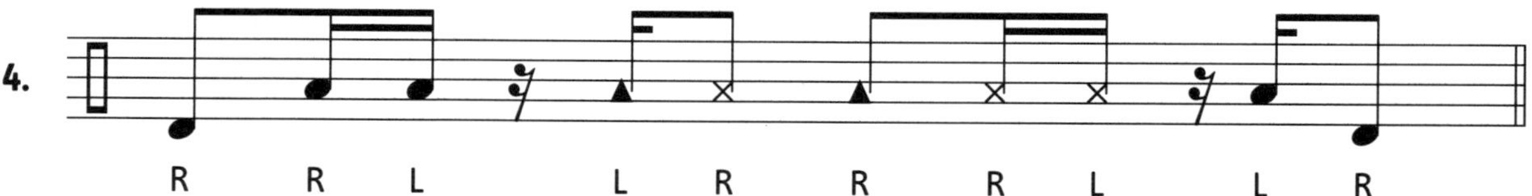

POP-KUKU

2-taktige Variationen

Basic

Vari. 1

Vari. 2

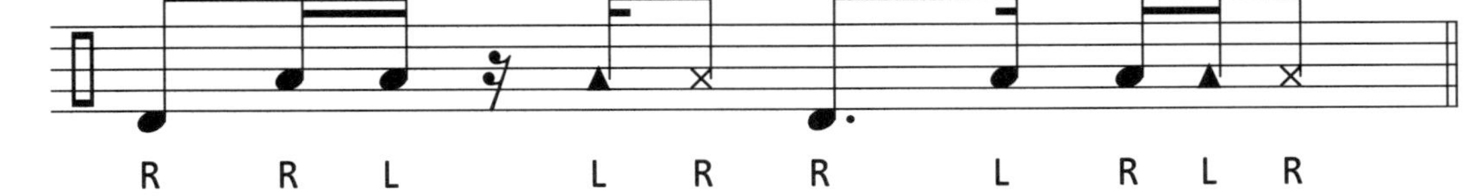

Vari. 3

Vari. 4

POP-ROCK

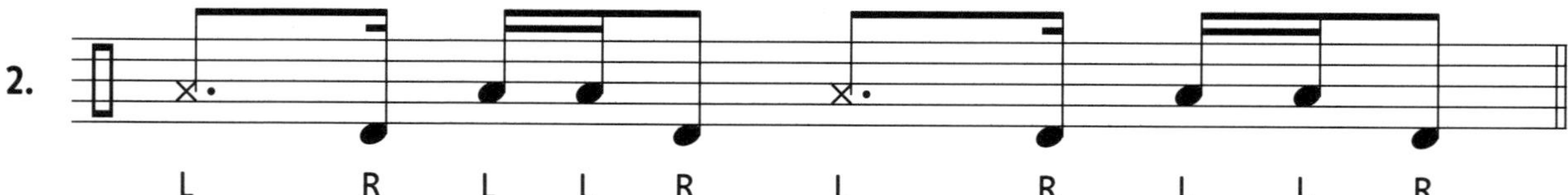

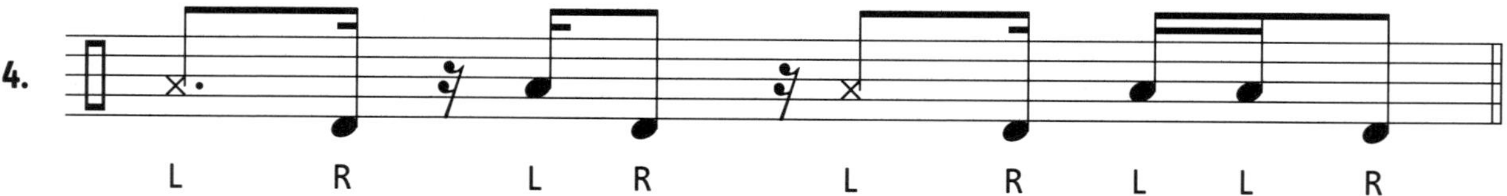

POP-TUMBAO

1.
L L R L R L R L R L R L R L R R

2.
L L R L R L R L R L R L R L R R

3.
L L R L R L R L R L R L R L R R

4.
L L R L R L R L R L R L R L R R

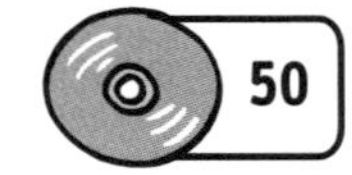

SALSA

Modern Tumbao Variation

2/3-Rumba-Clave

SAMBA

Brasilien

1.

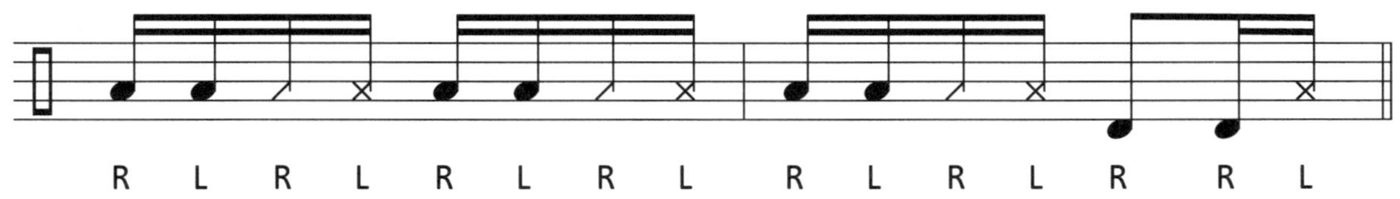

2.
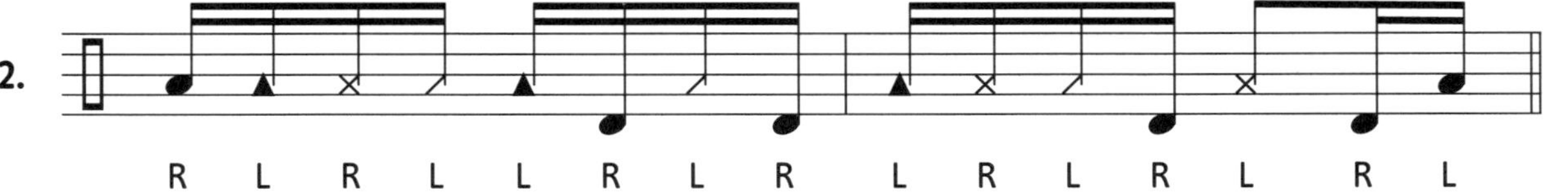

3.

SAMBA

Variationen

1.

2.

3.

4.

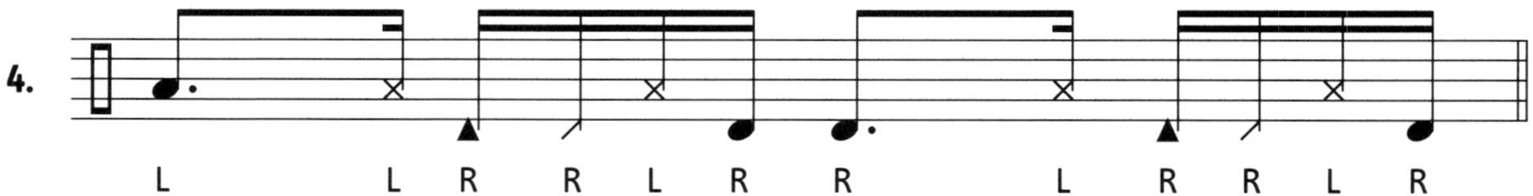

SONGO

Cuba

2/3-Rumba Clave

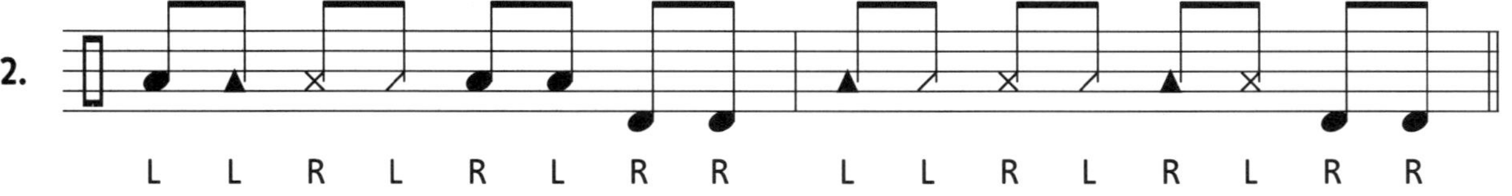

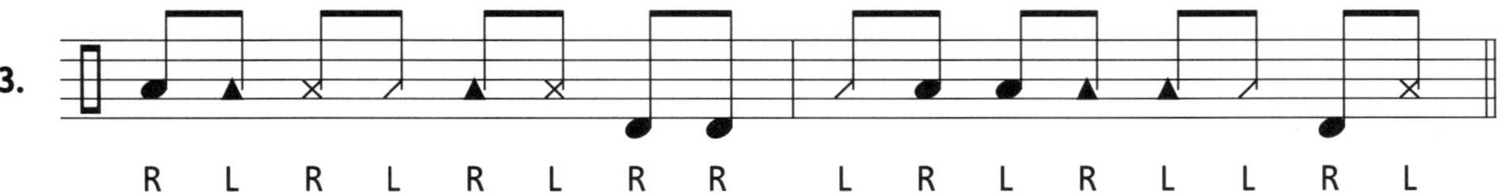

SONGO

„Bota"

2/3-Rumba Clave

1.

2.

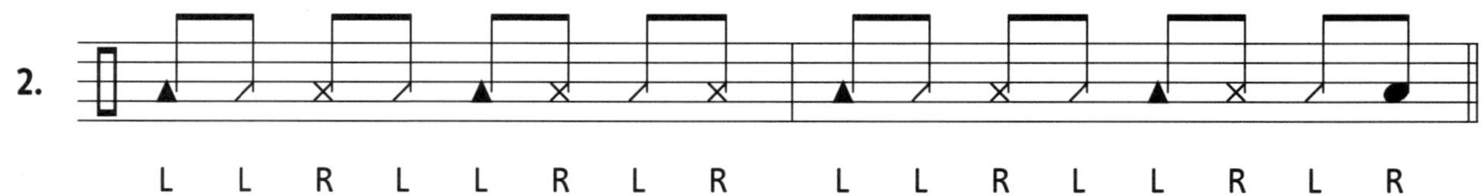

3.

4.

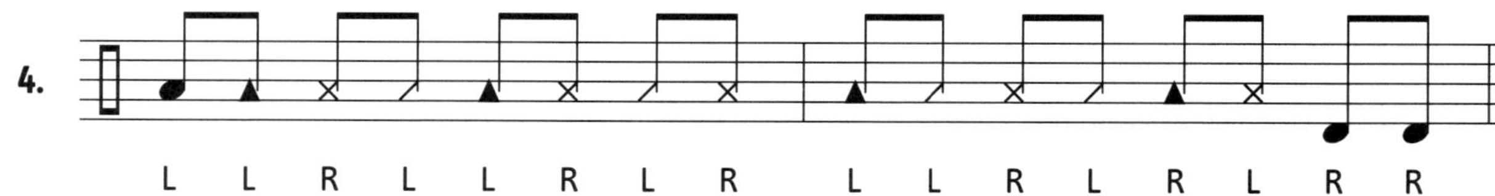

5.

6.

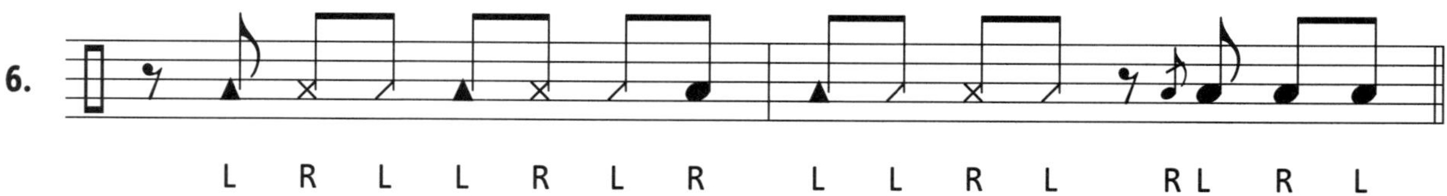

SONGO

Variationen

2/3-Rumba Clave

1.

2.

3.

4.

TUMBAO
& Clave de Son

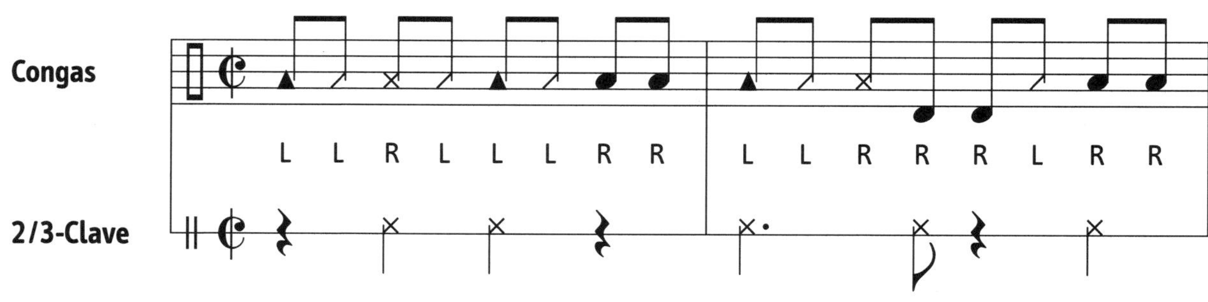

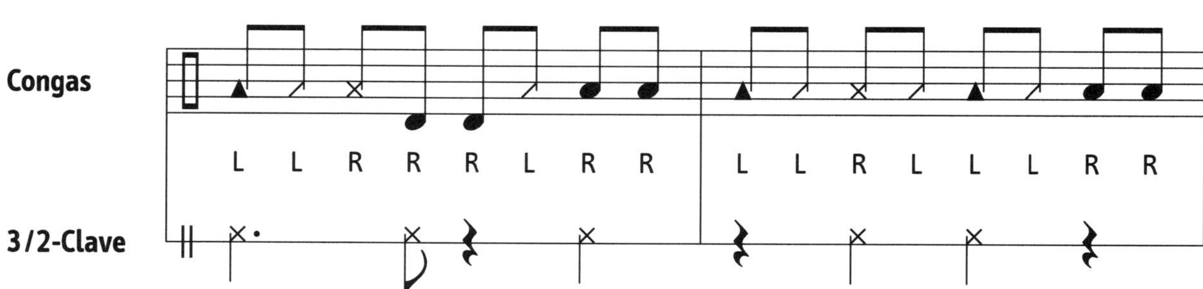

Der Tumbao gehört zu den wichtigsten Latin-Congarhythmen. Nachfolgend werden viele Variationsmöglichkeiten vorgestellt und im Kapitel „Fills & Solotechnik" werden Sololicks in den Tumbao eingebaut. Hier aber nun zuerst einmal die Basic-Version dieses Patterns und dazu die Clave-Figur, die auf bestimmte Weise mit dem Tumbao verbunden ist.

TUMBAO

Variationen, 1

2/3-Clave de Son

1.

2.

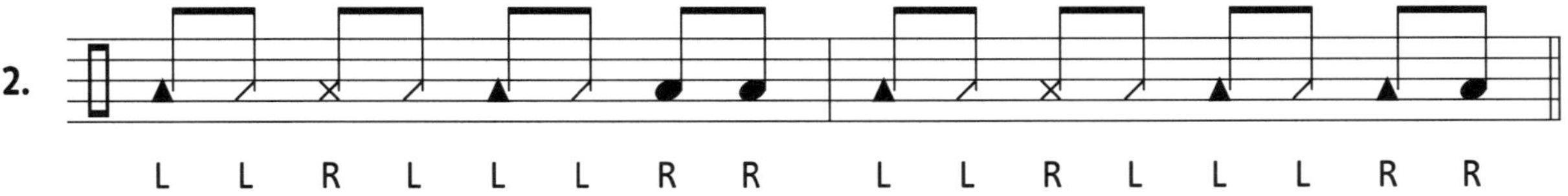

3.

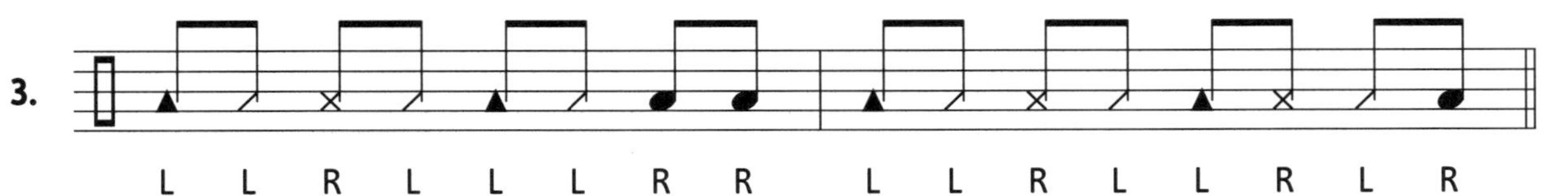

4.

TUMBAO

Variationen, 2

TUMBAO

Variationen, 3

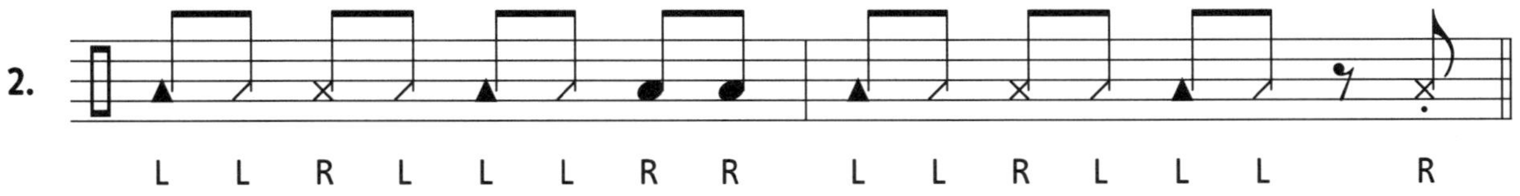

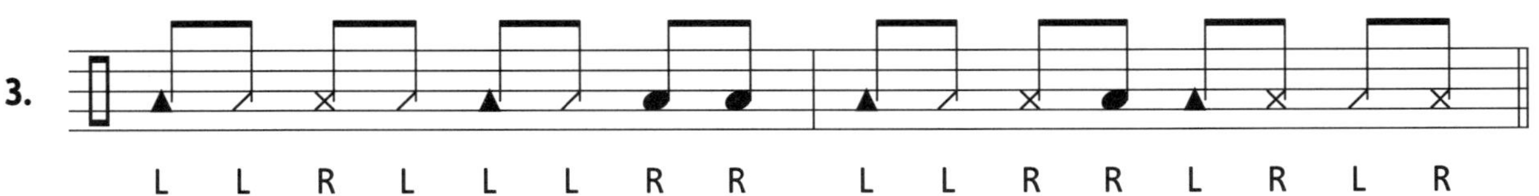

TUMBAO

Variationen, 4

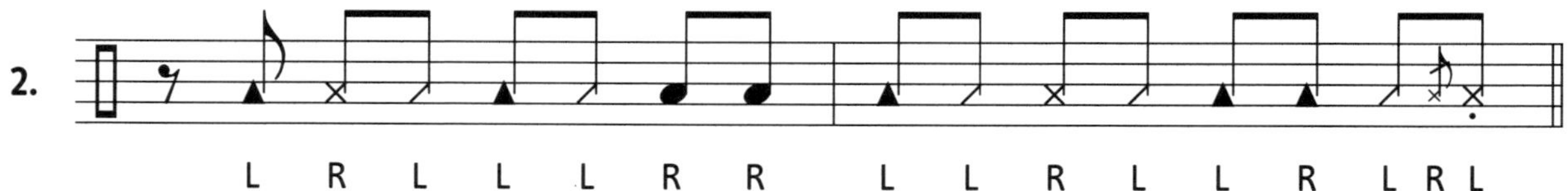

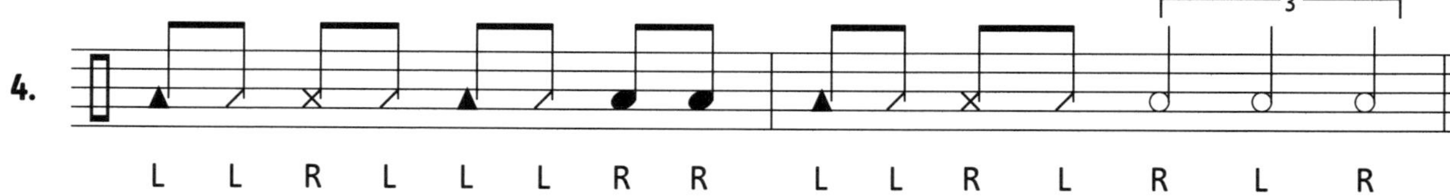

EINLEITUNG · BASICS · ÜBUNGEN · RHYTHMEN · ENSEMBLE · KOORDINATION · FILLS | SOLO · ANHANG

TUMBAO

Variationen, 5

1.

2.

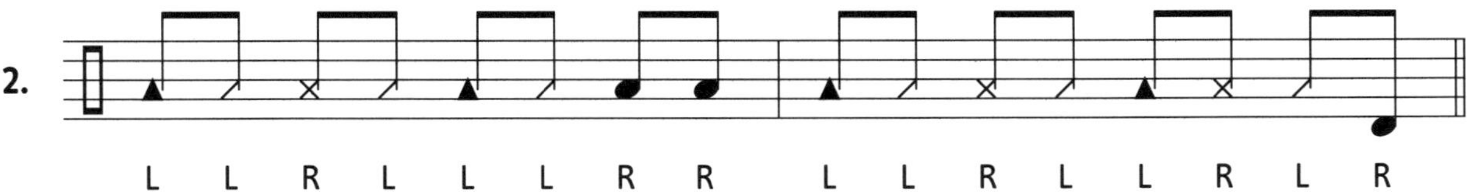

3.

4.

TUMBAO

Variationen, 6

1.

2.

3.

4.

TUMBAO

Variationen, 7

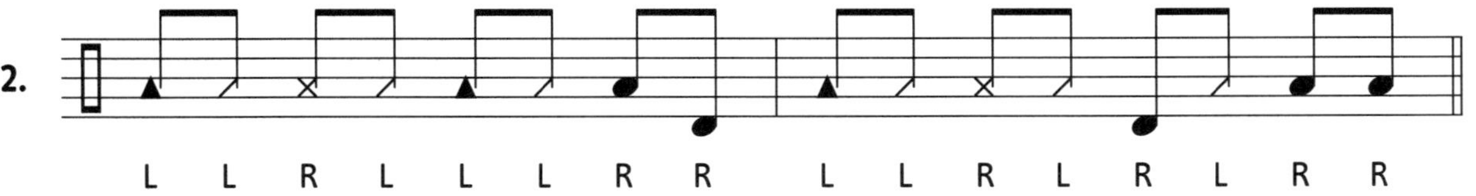

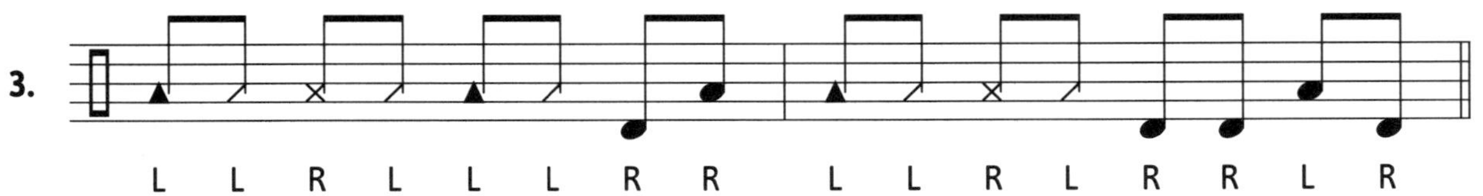

TUMBAO

Variationen, 8

SWING-TUMBAO

1.
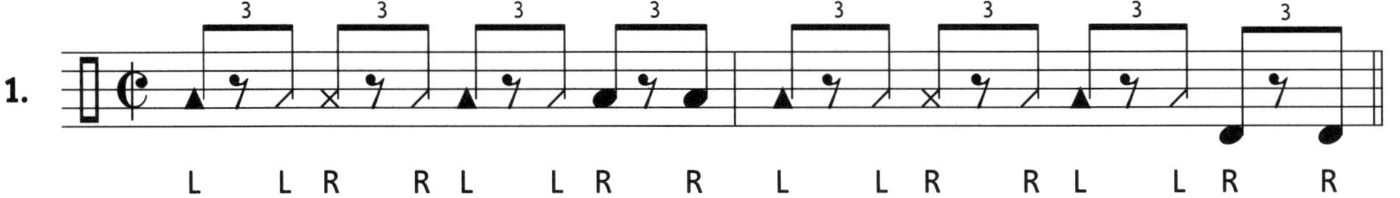

2.

3.
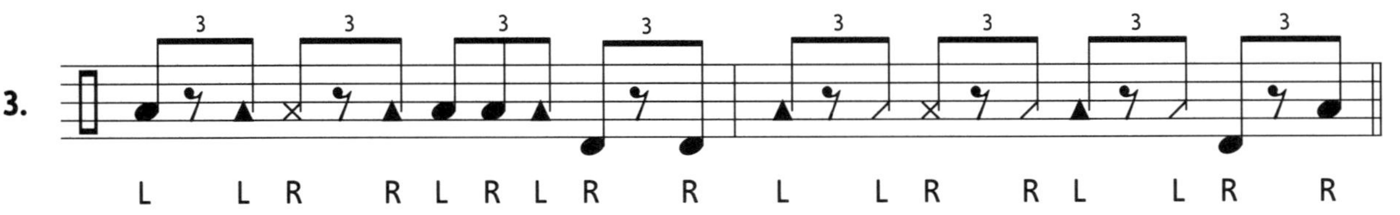

4.
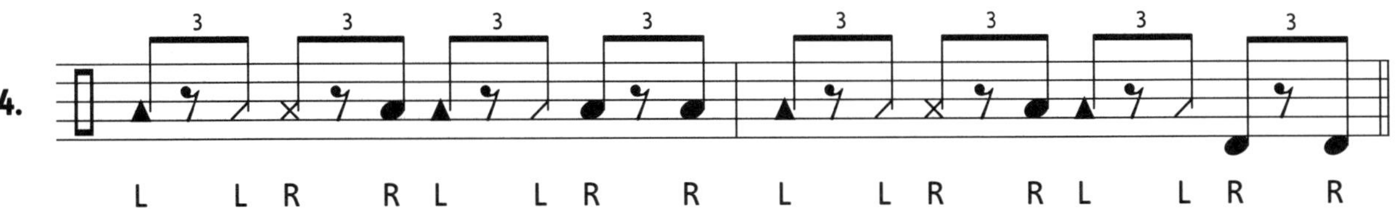

5.

5/4-TUMBAO

1.

2.

3.

4.
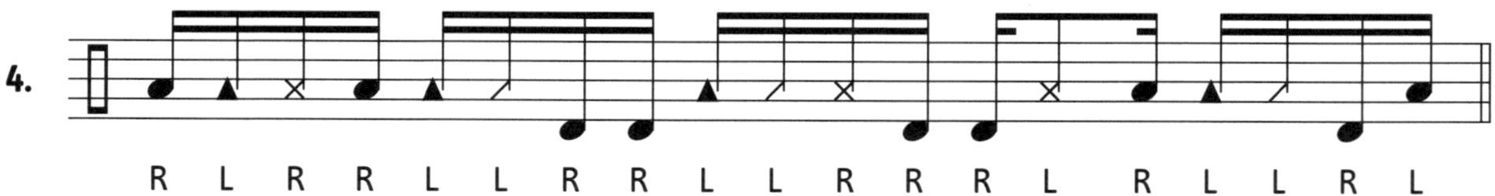

5/8-TUMBAO

1.

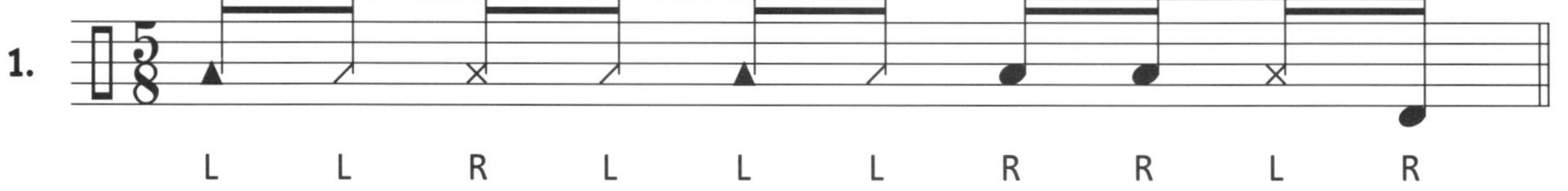

2.

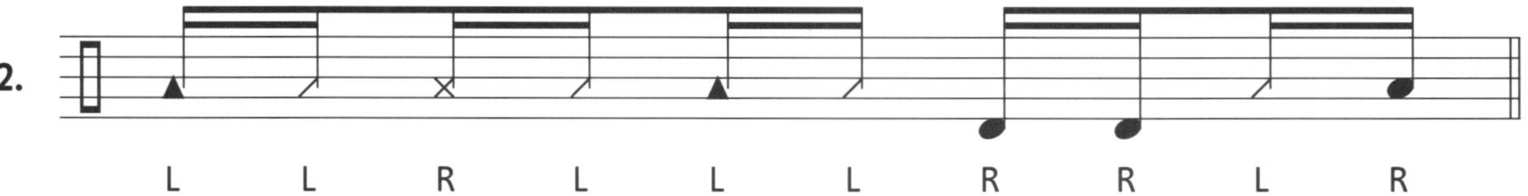

3.

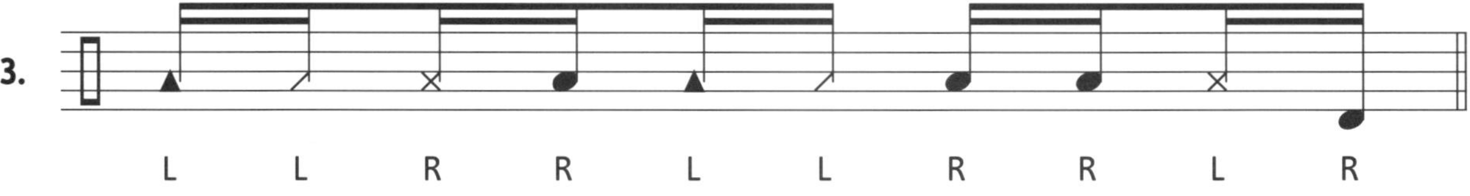

4.

7/8-TUMBAO

1.
L L R L L R R L L R L L R R

2.
L L R L L R R L L R L L R R

3.
L L R L L R R L L R L R L R

4.
L L R L L R R L L R L R L R

5.
L L R L L R R L L R L R L R

9/8

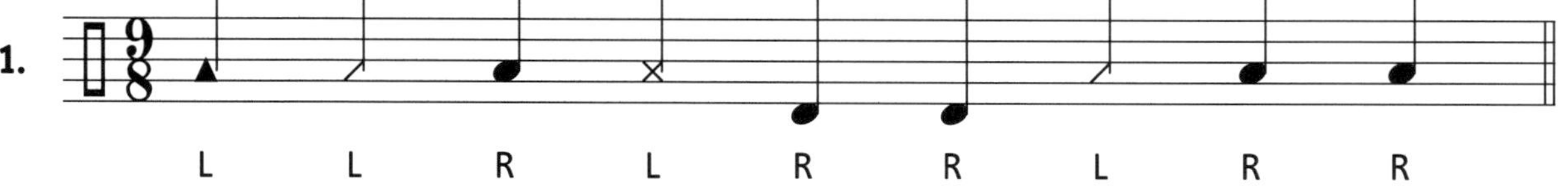

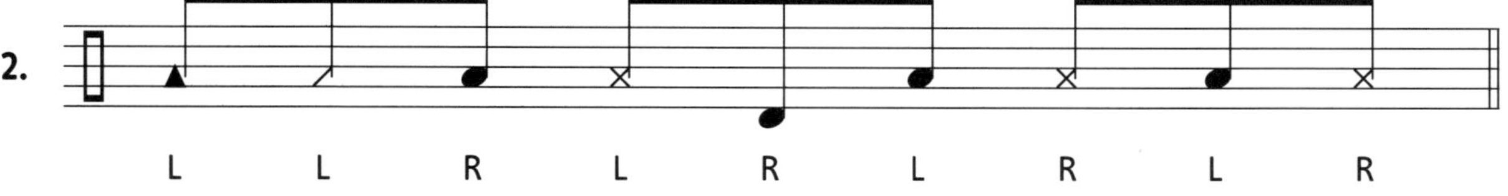

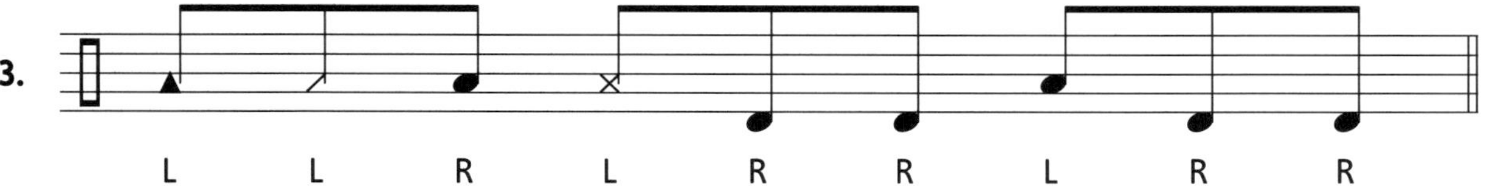

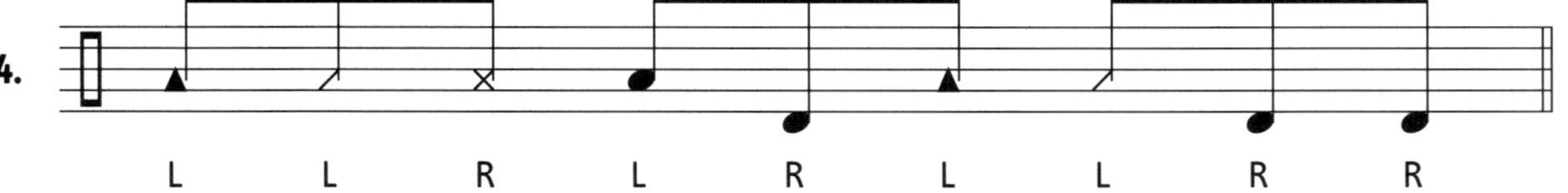

12/8

1.
12
8
R L R R L L R L L R L L

2.
R L R R L L R L L R L L

3.
R L R R L L R L R L R L

4.
R L R R L R L R L R L L

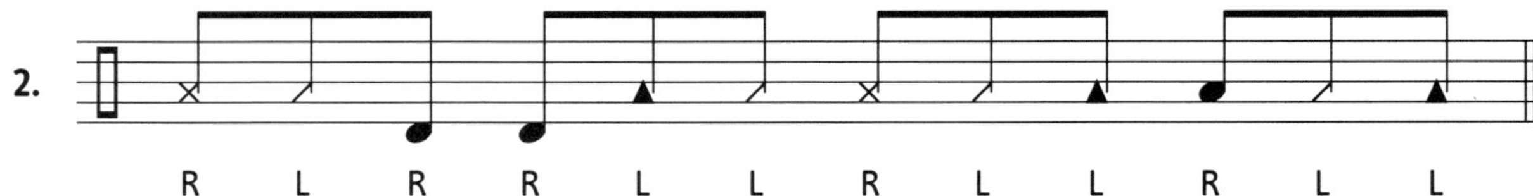

12/8-AFRO-BELL-GROOVE

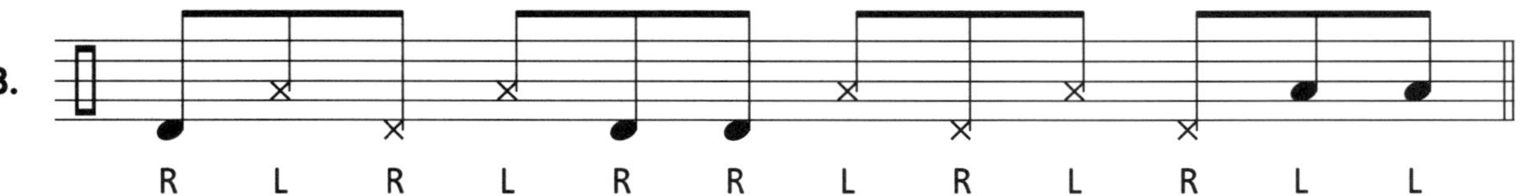

12/8

4-taktig

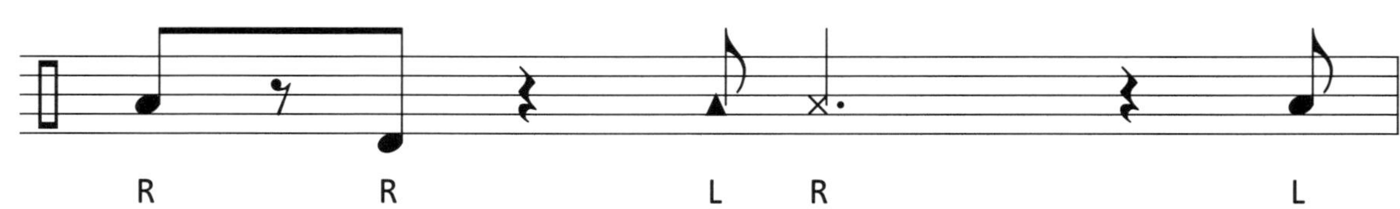

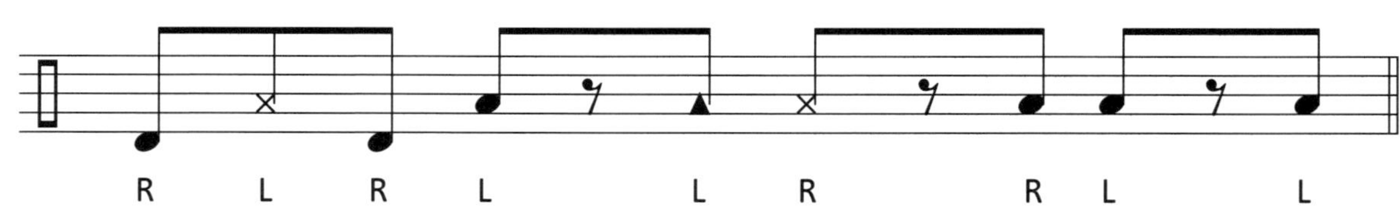

5

PERCUSSION ENSEMBLE

Die folgenden Seiten sind traditionellen Rhythmen aus Afrika, Brasilien, Cuba und der

Karibik gewidmet. Hier wird gezeigt, aus welchen Einzelstimmen bestimmte Rhythmen

aufgebaut sind und wie diese zusammengehören. Dabei spielen nicht nur Congas eine

Rolle, sondern zusätzlich auch verschiedene andere Percussioninstrumente. Zum leichten

Auffinden sind die Titel alphabetisch geordnet.

Agogo

Bongós

Caxixi

Claves

Cowbell

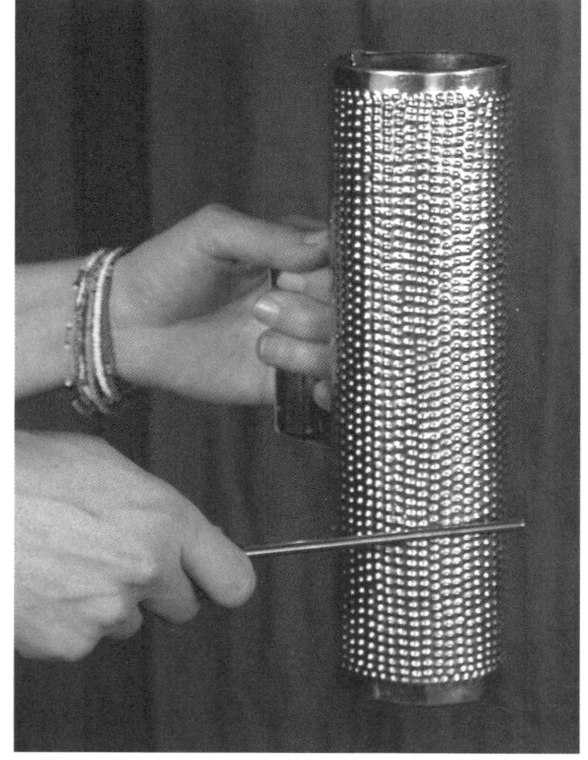

Guira

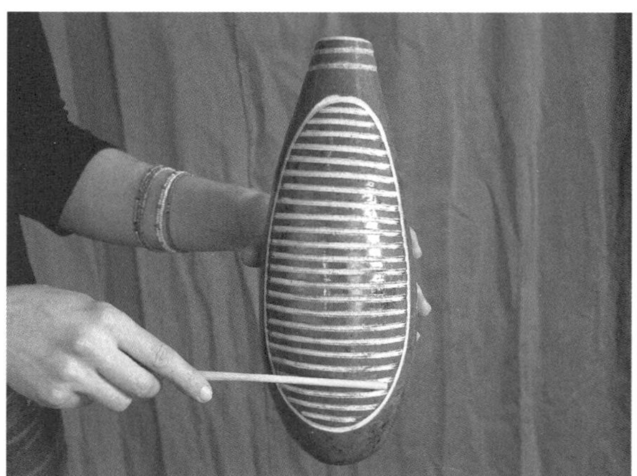

Guiro

Tumba, Quinto, Conga

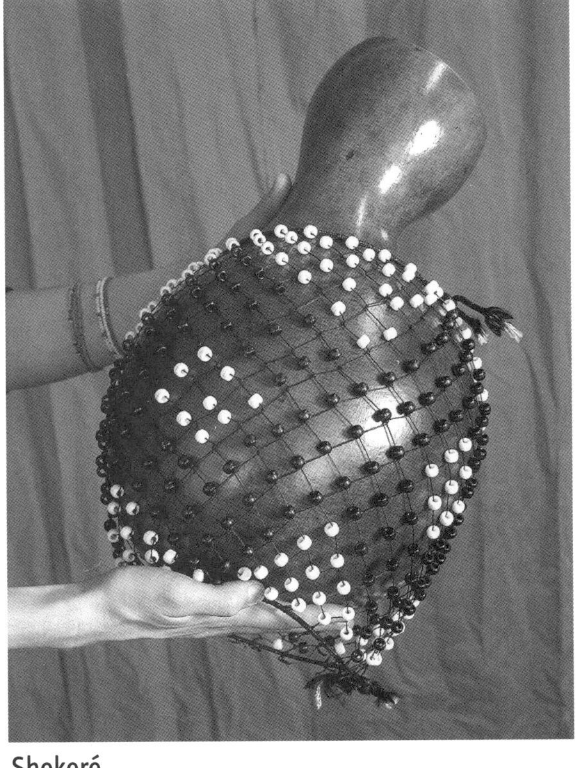

Shekeré

Surdo

Timbales

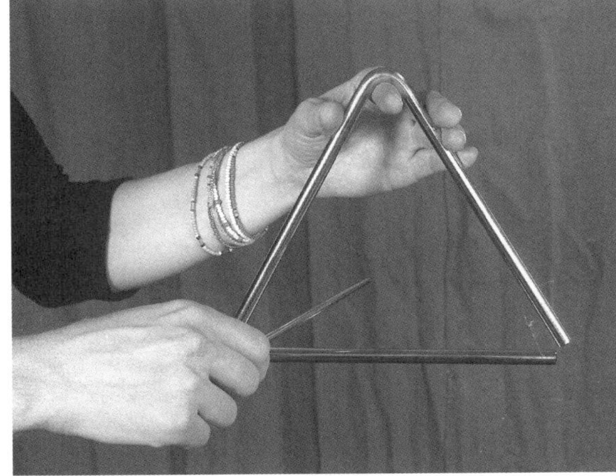

Triangel

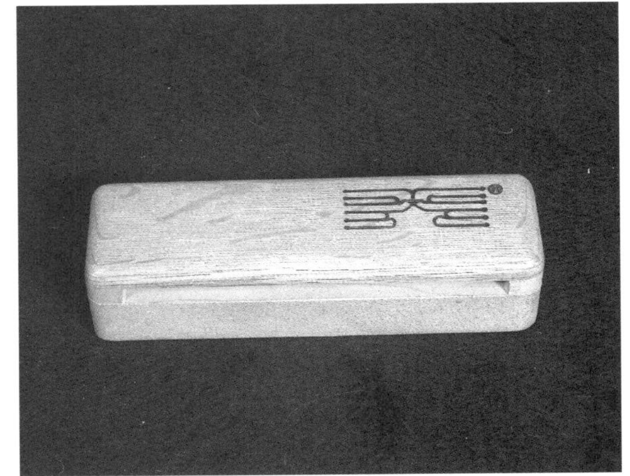

Woodblock

6/8-AFRO

Cowbell

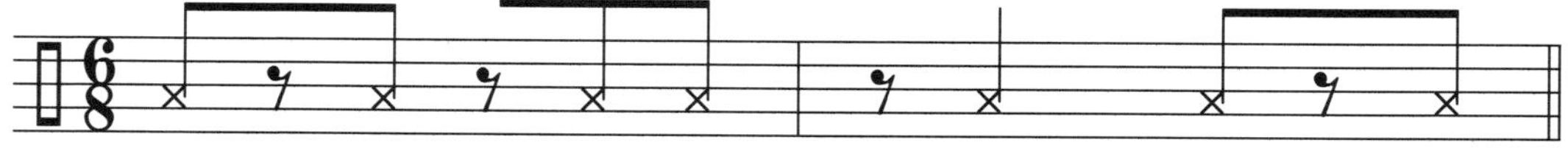

Shekeré

Conga

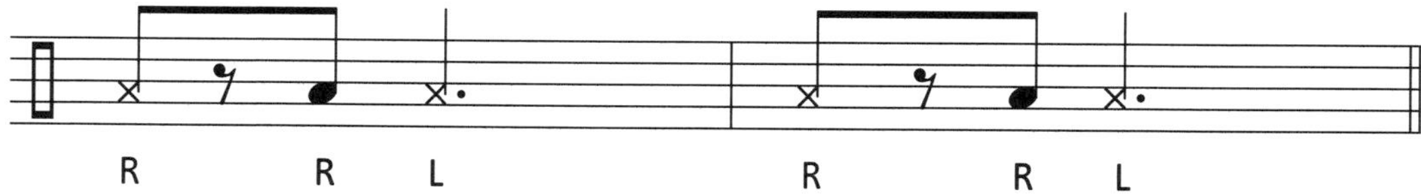

Tumba

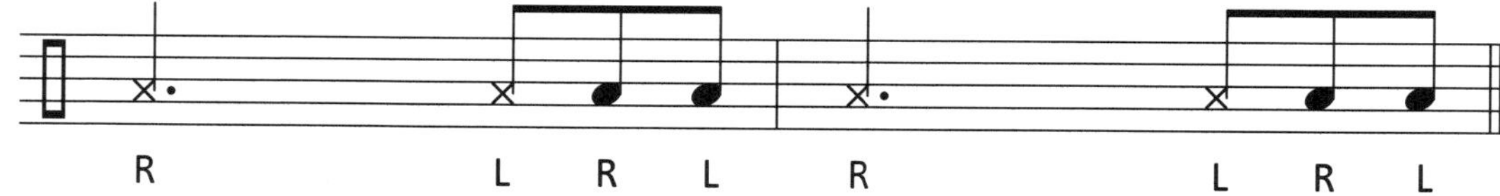

Surdo

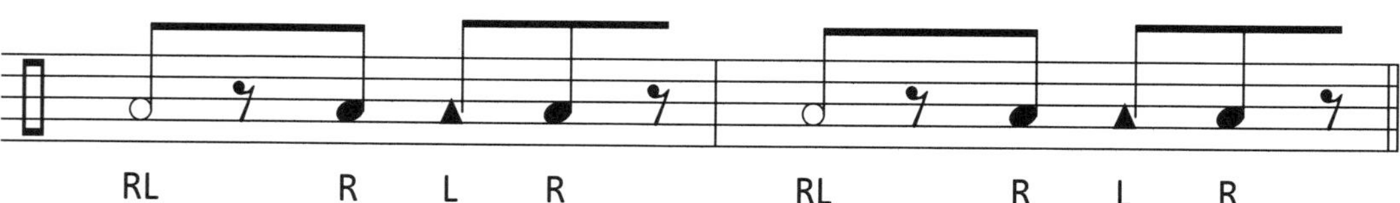

ABAKUÁ

Cuba

Clave

Cowbell

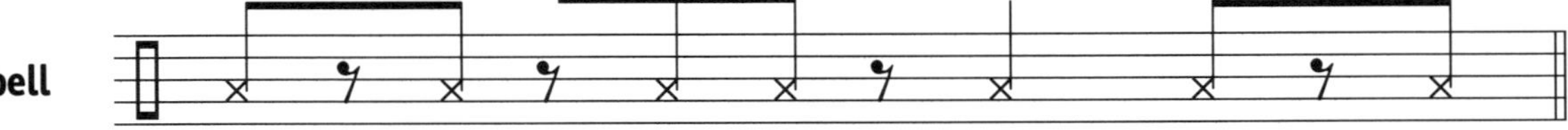

Tumba

Conga

Quinto

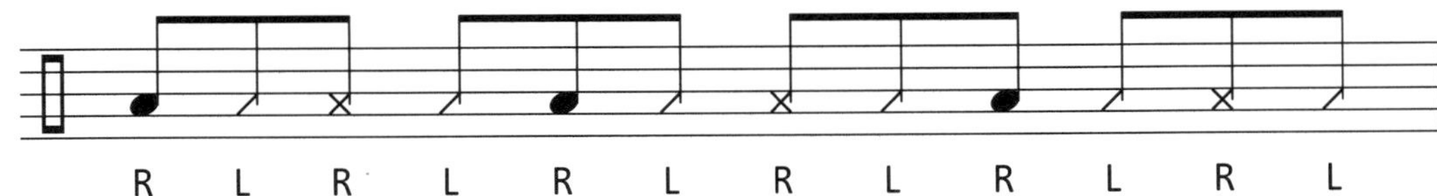

AFOXÉ

Brasilien

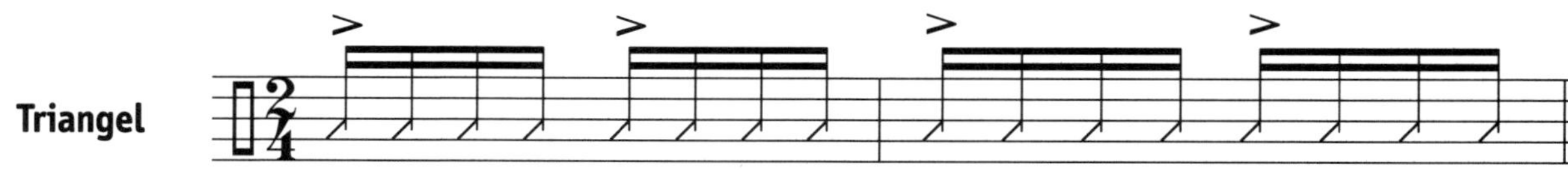

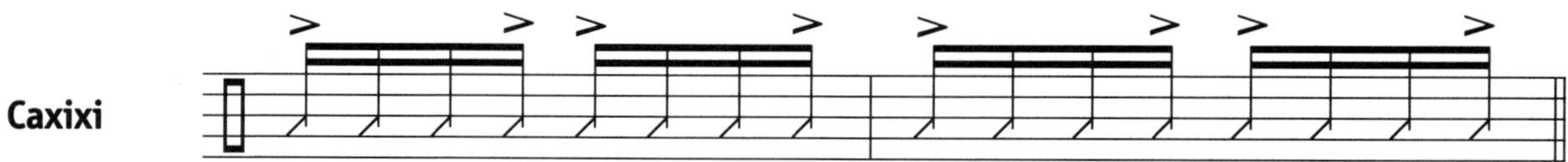

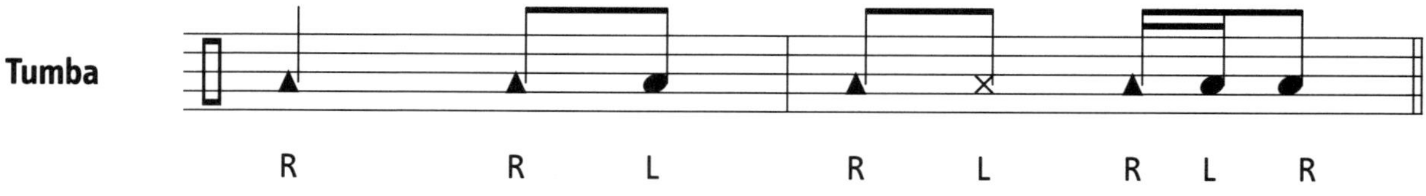

ARARÁ

Cuba

Clave

Cowbell

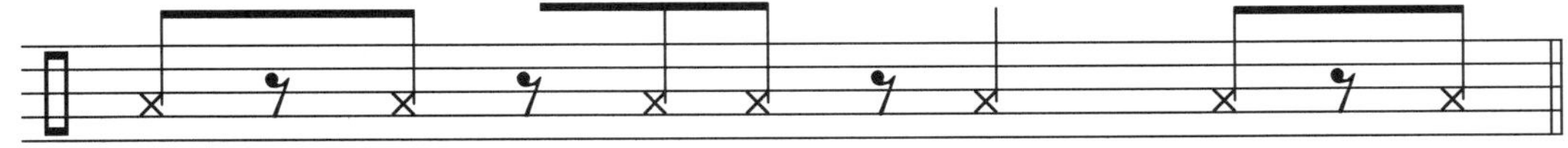

Tumba

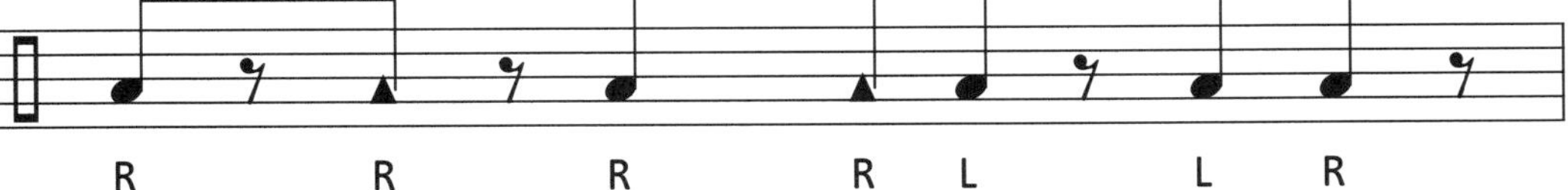

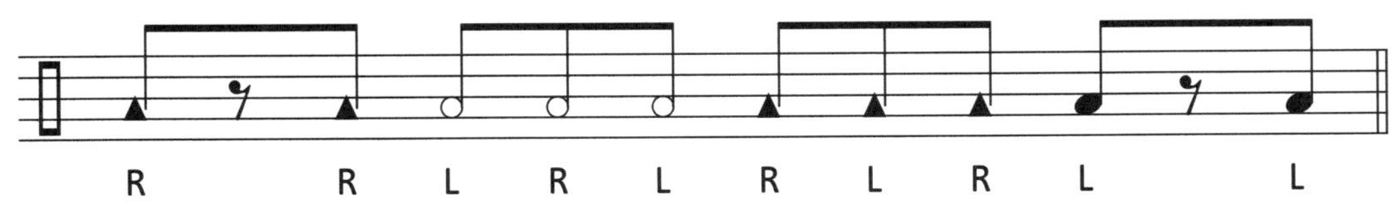

Conga

Quinto

BEMBÉ

Cuba

Cowbell 1
12
8

Cowbell 2

Tumba
L R R L R L R R L R

Conga
L L R L R L L R L R

Quinto
R L R L R L R L

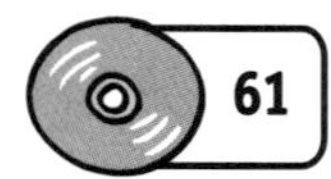

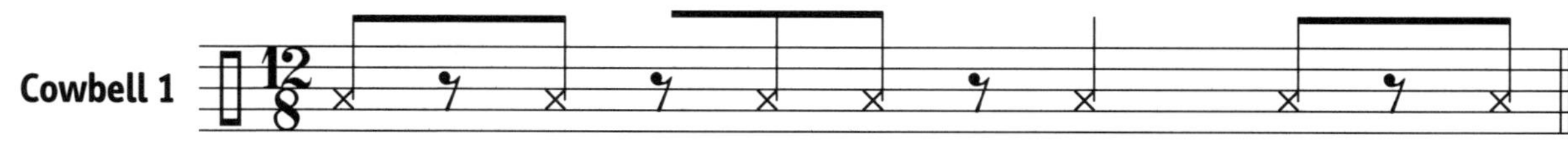

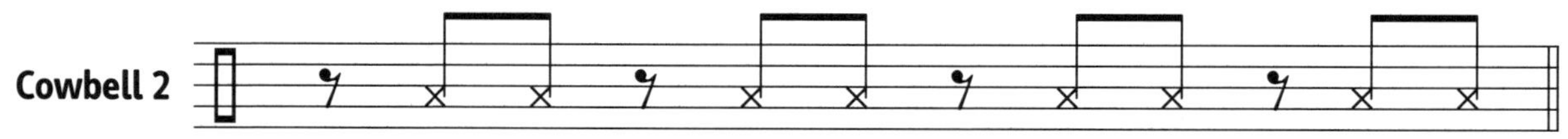

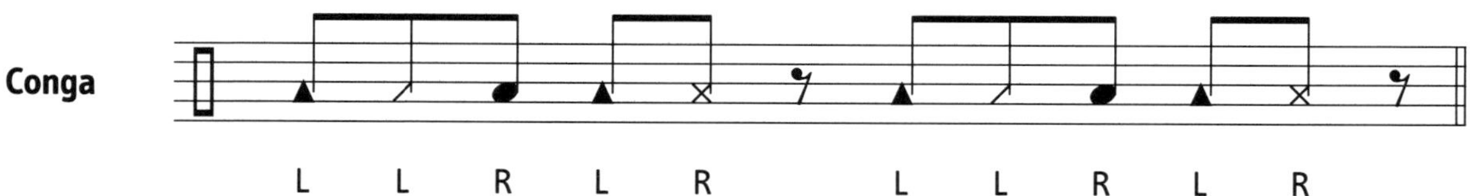

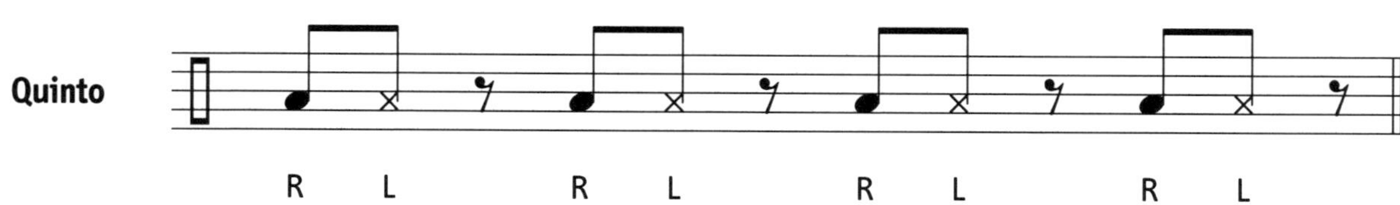

BOMBA

Puerto Rico

Cowbell

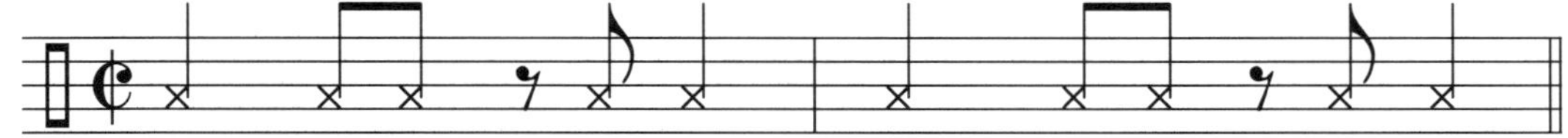

Woodblock

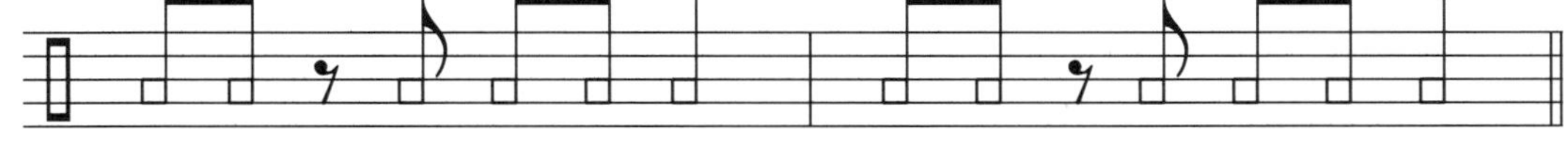

Tumba

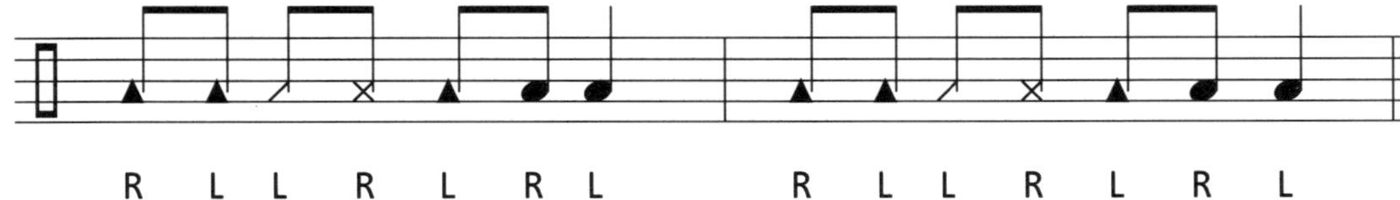

Conga

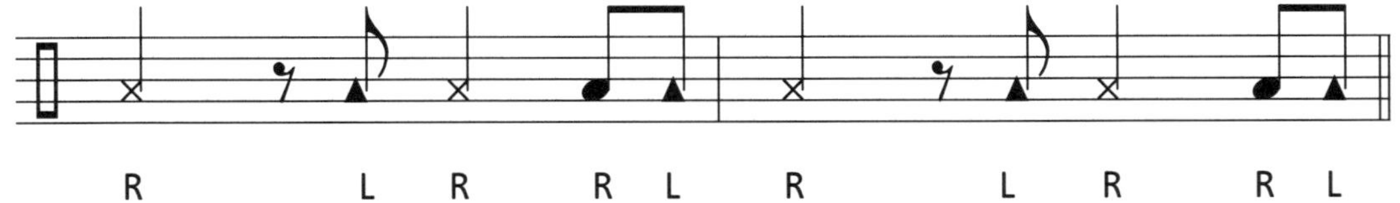

Quinto

CONGA DE COMPARSA
Cuba

Clave

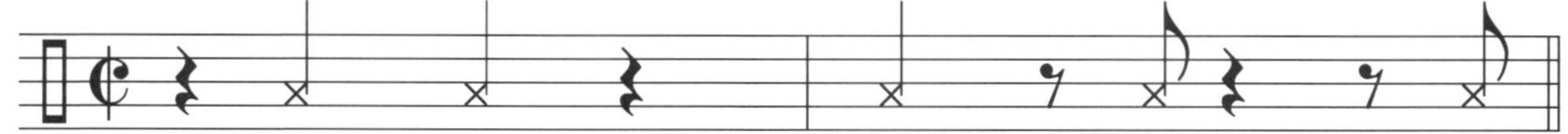

Cowbell

Quinto

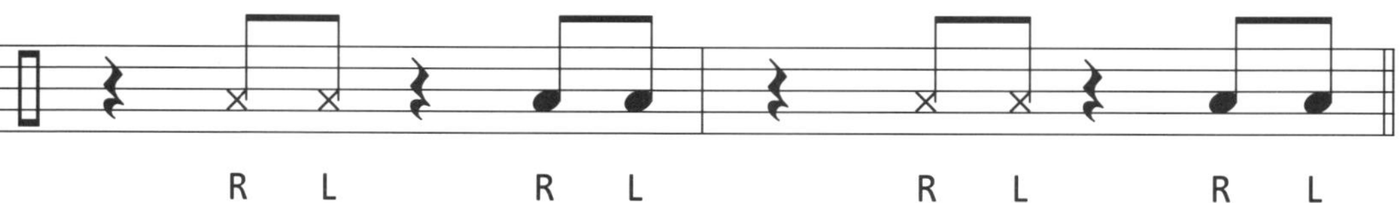

Conga

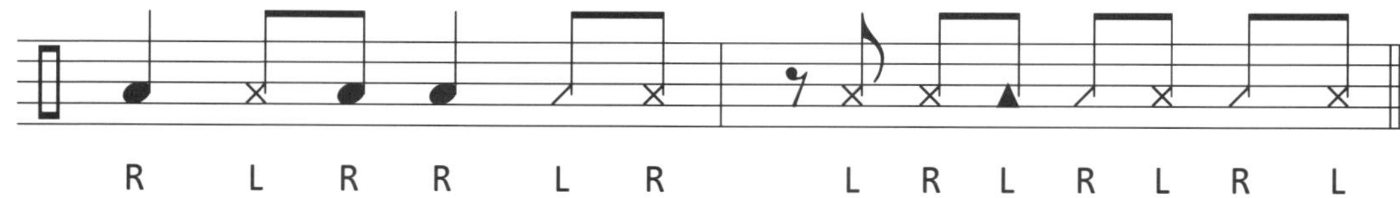

Tumba

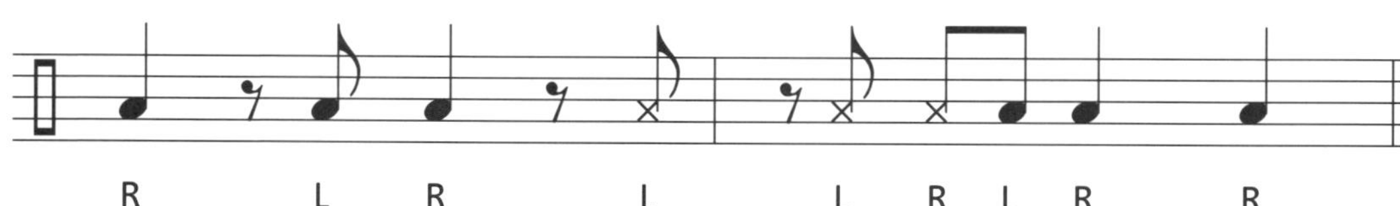

Surdo

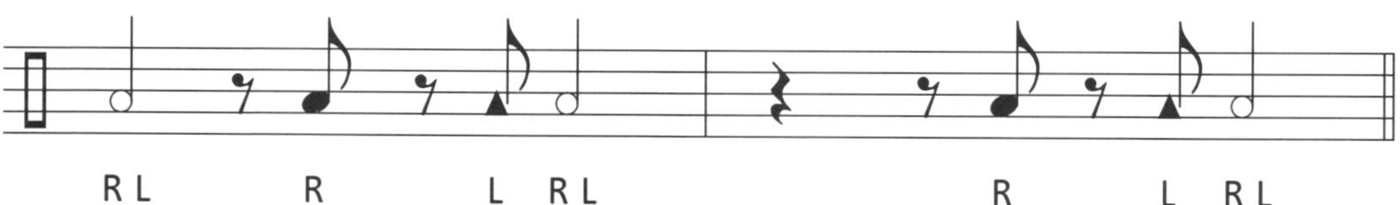

CUMBIA

Kolumbien

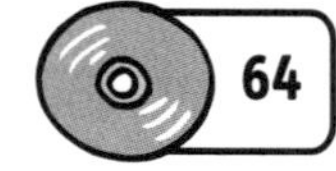

Cowbell

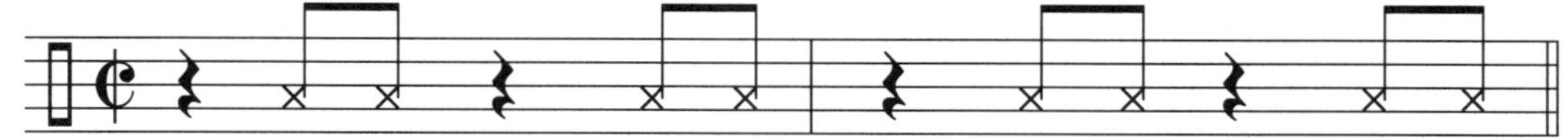

Woodblock

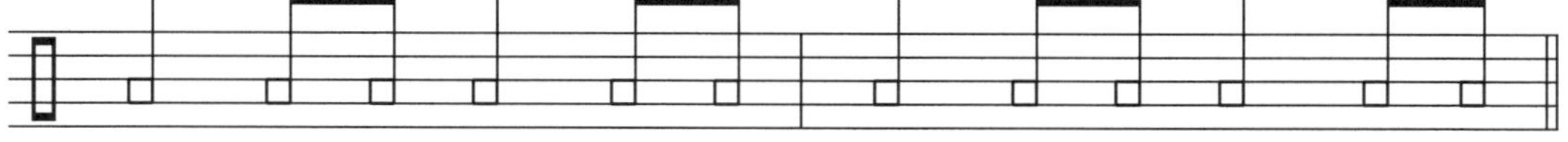

Guiro

Congas

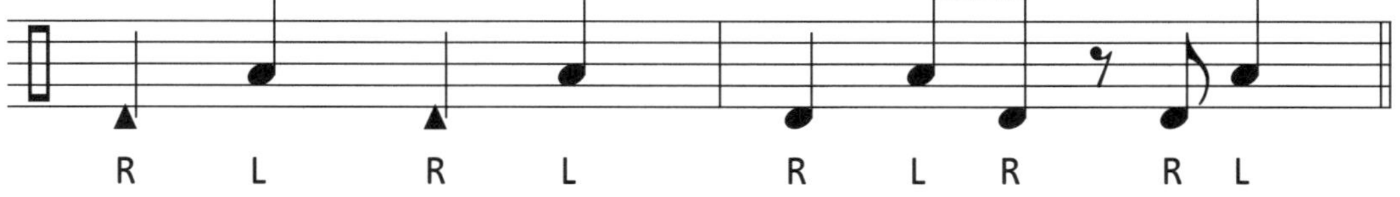

Variation 1

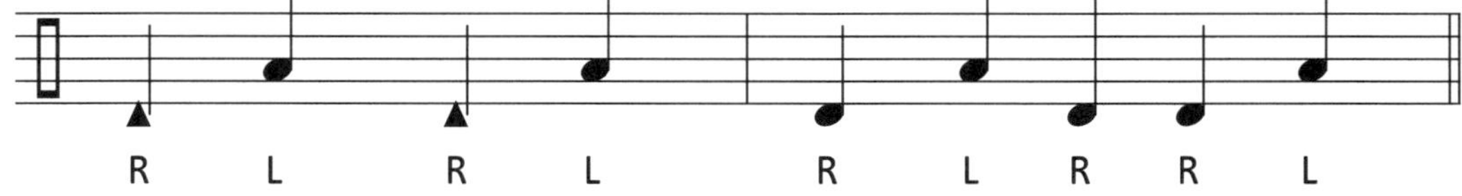

Variation 2

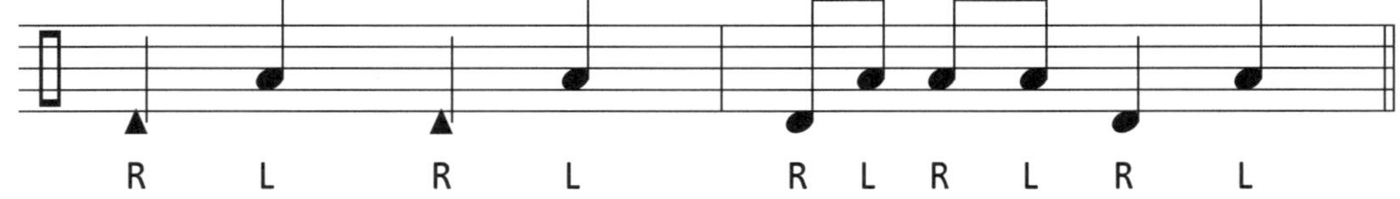

KPANLOGO

Ghana

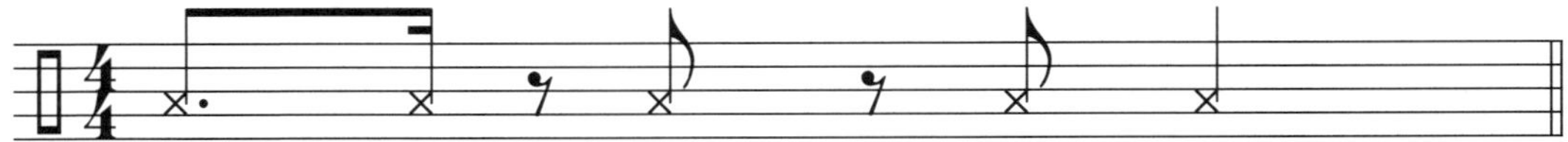

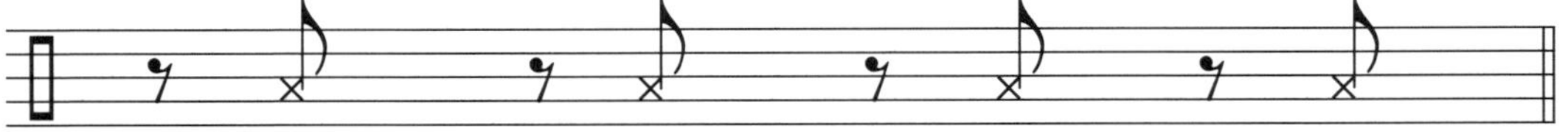

MAKUTA

Cuba

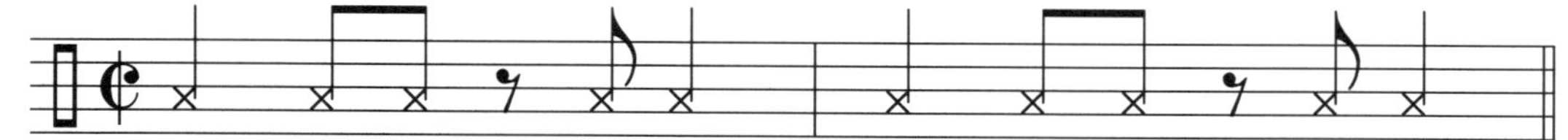

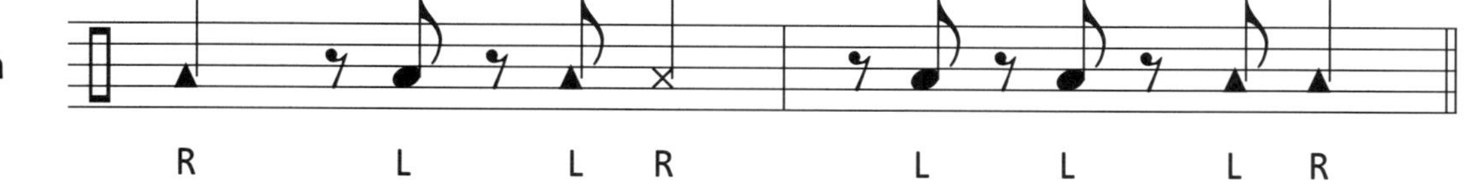

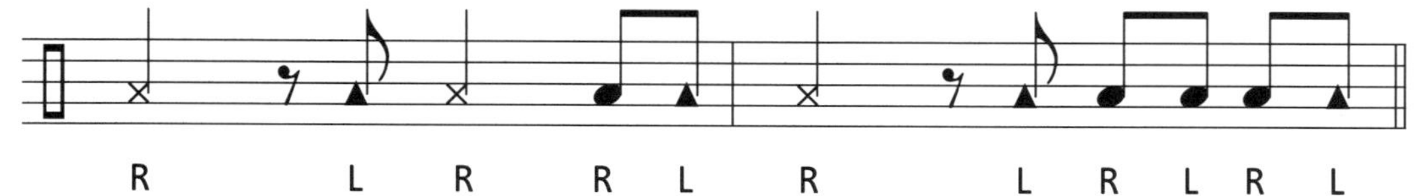

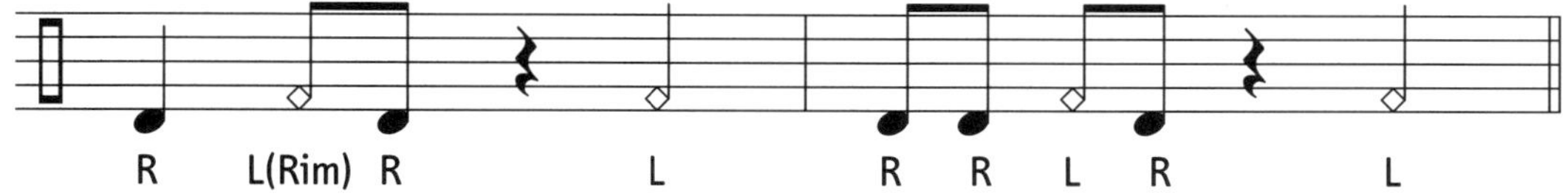

MERENGUE

67

Dominikanische Republik

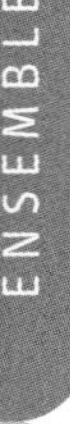

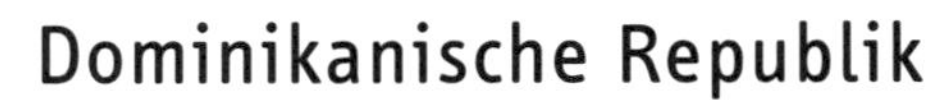

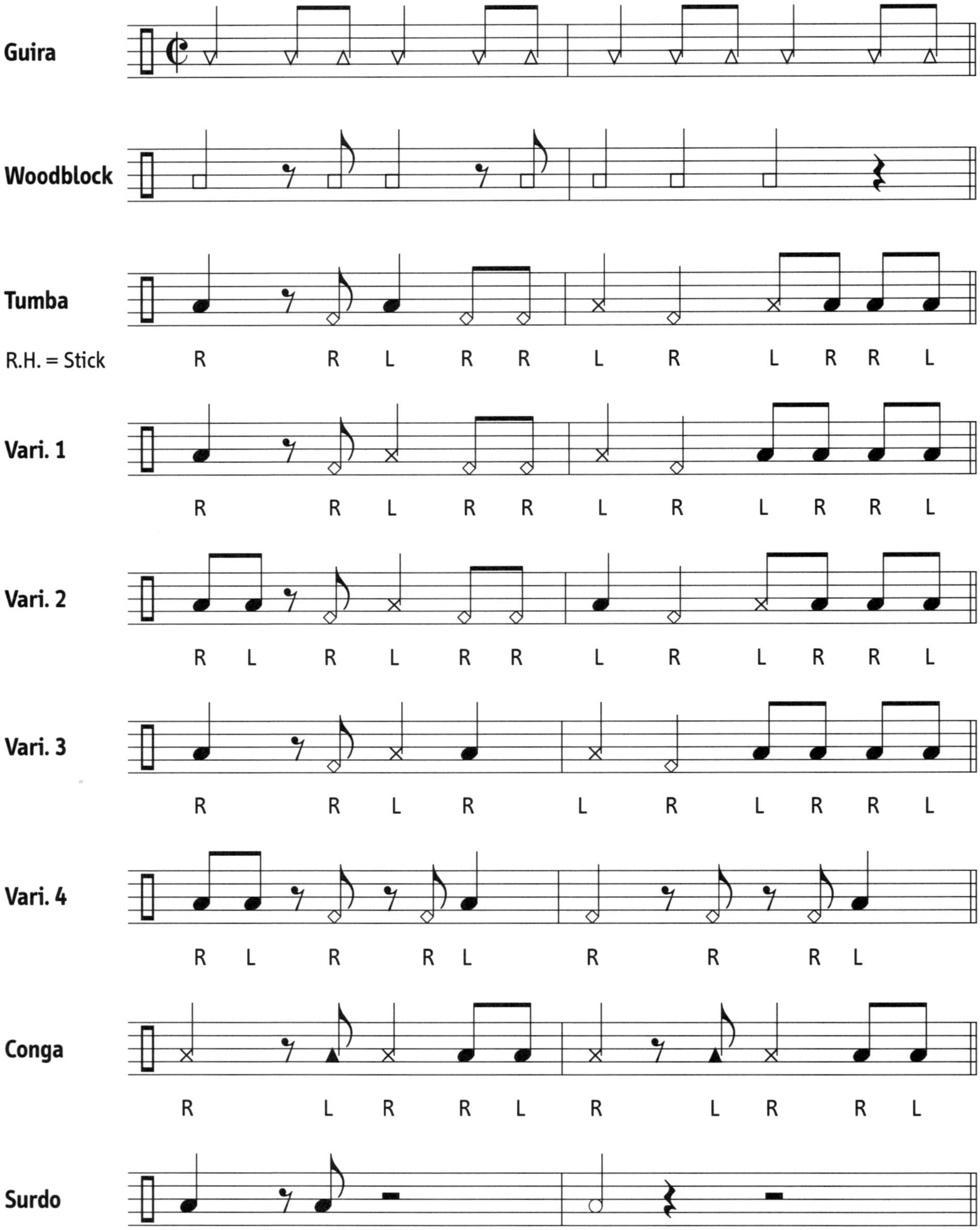

MOZAMBIQUE

Cuba

Clave

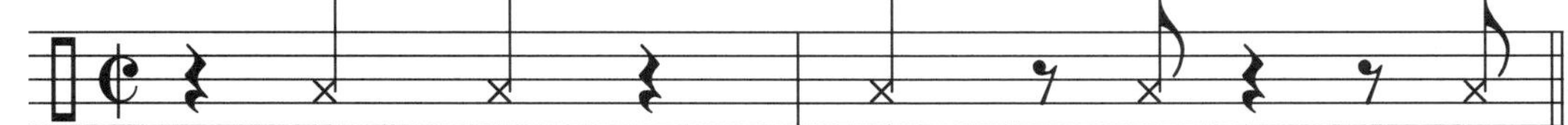

Cowbell

Timbales

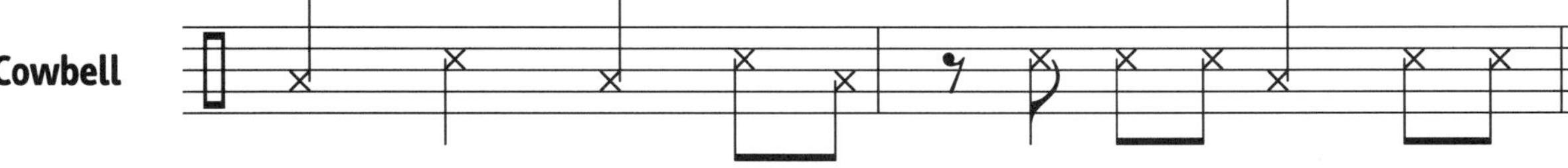

Congas

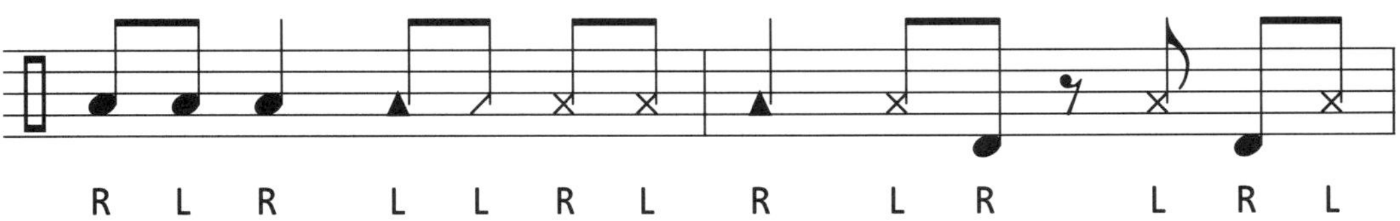

Bongós

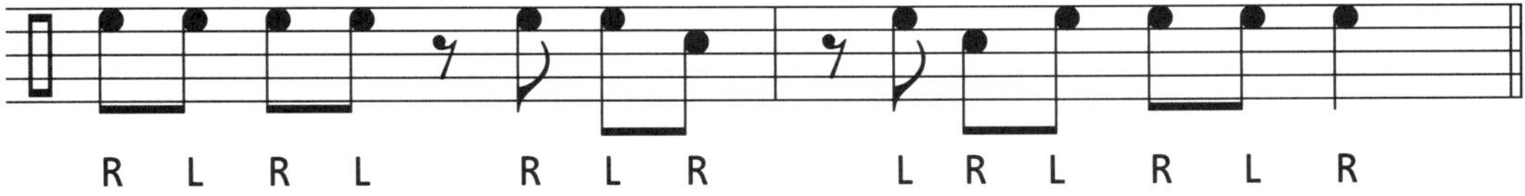

PALO

Cuba

Cowbell

Shekeré

Tumba
R   L   R   R L

Conga
L   R   L   R   L   R   L   R

Quinto
R   L   R   L   R   L   R   L

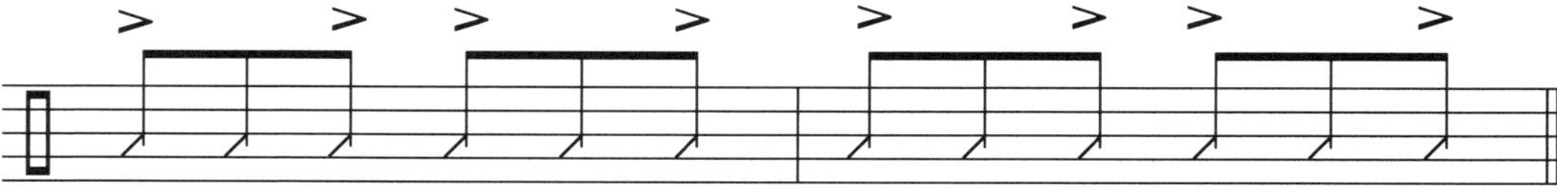

PILÓN

Cuba

Clave

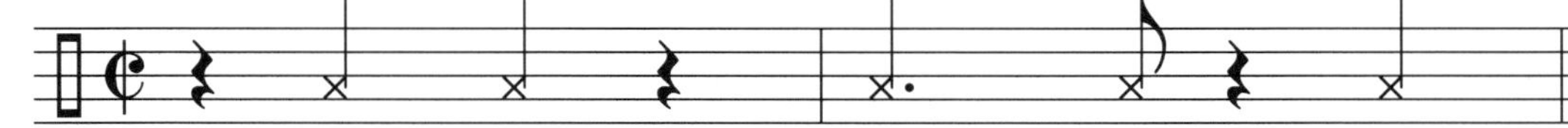

Cowbell

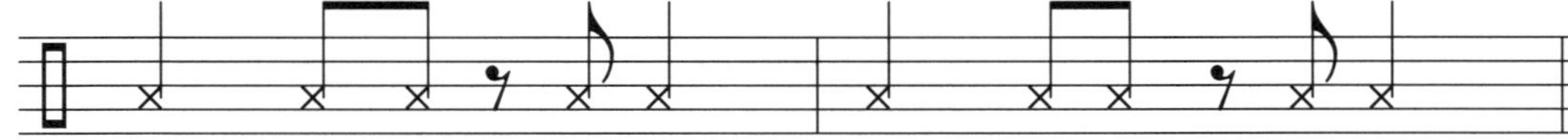

Guiro

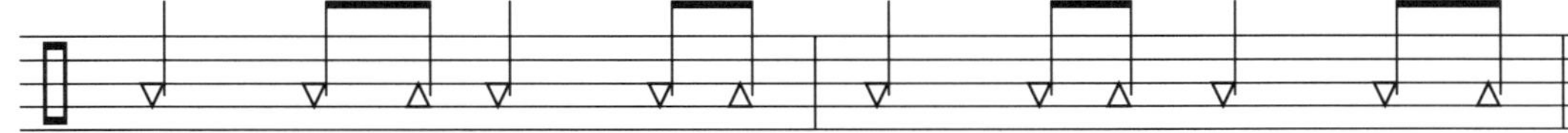

Conga 1

Conga 2 „Pacá"

L.H.: Stick

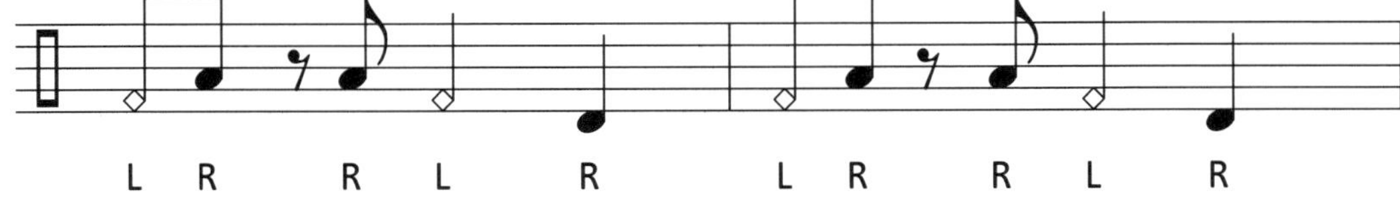

PLENA

Puerto Rico

Guiro

Cowbell

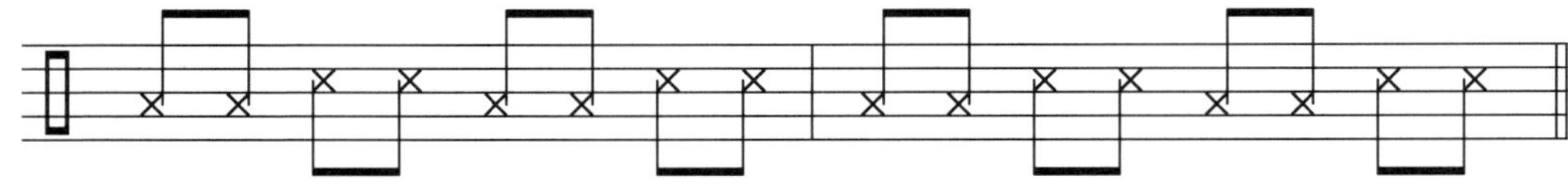

Woodblock

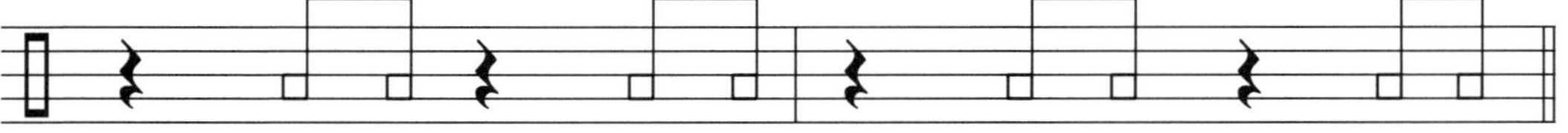

Congas

& Vari.

Surdo

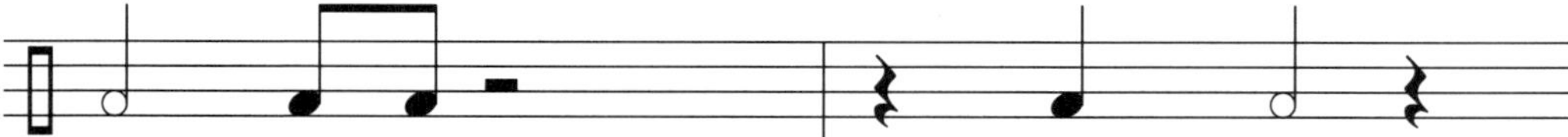

RUMBA COLUMBIA

Cuba

Clave

Woodblock

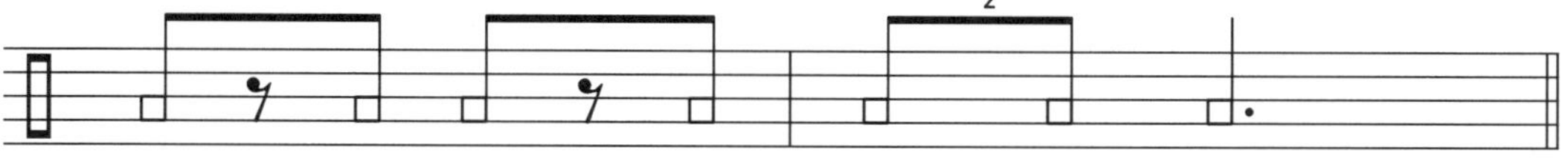

Tumba

Conga

Quinto

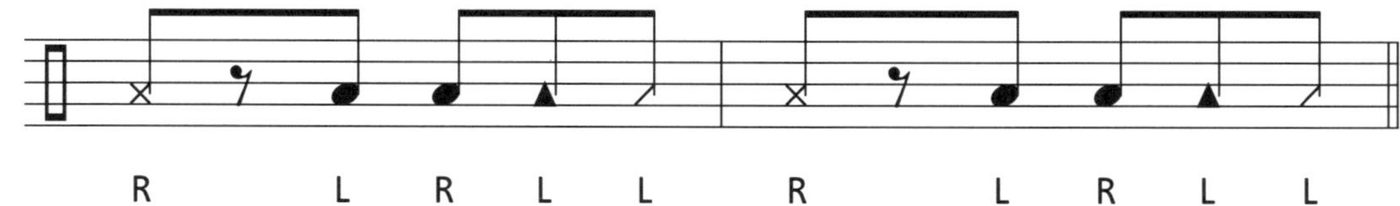

Solo ad lib.

RUMBA GUAGUANCÓ

Cuba

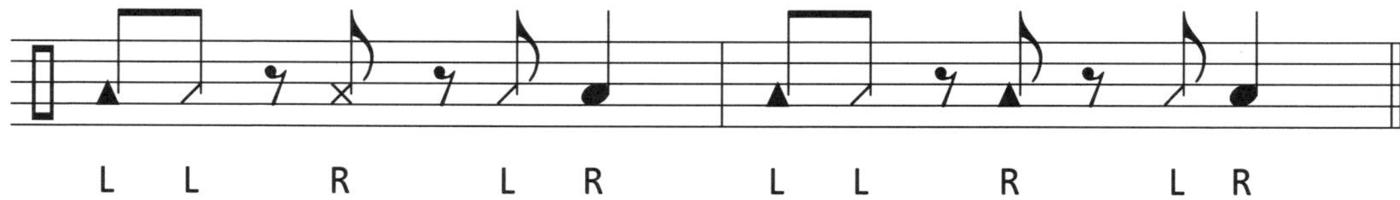

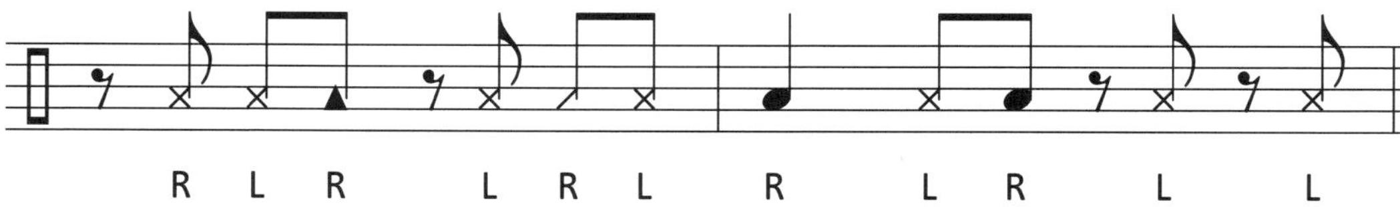

RUMBA YAMBÚ

Cuba

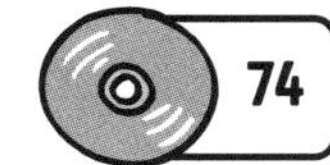

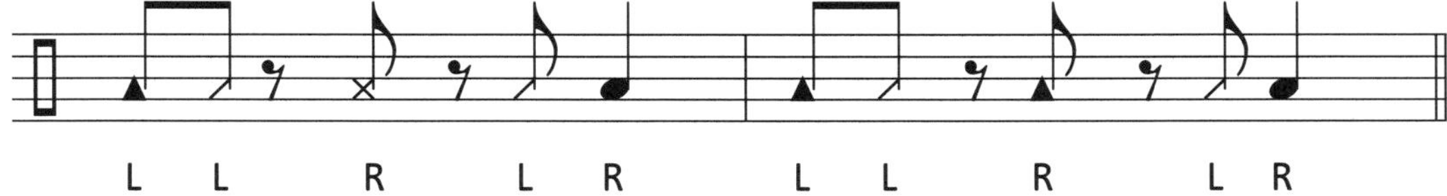

EINLEITUNG · BASICS · ÜBUNGEN · RHYTHMEN · ENSEMBLE · KOORDINATION · FILLS | SOLO · ANHANG

SON MONTUNO

Cuba

Cowbell

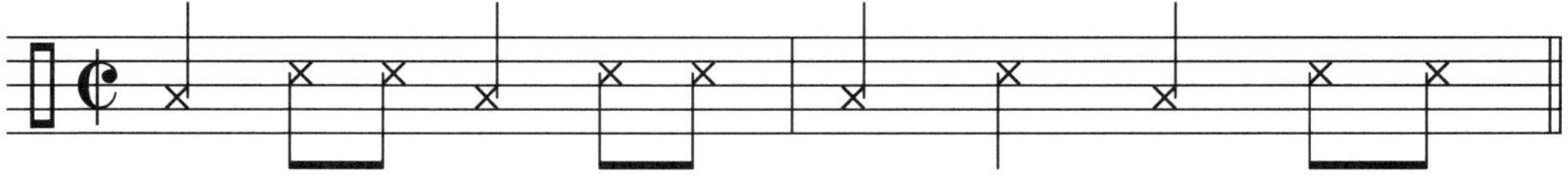

Timbales

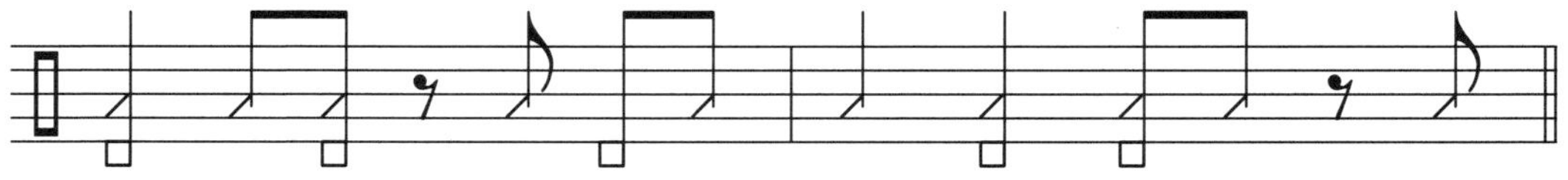

Bongós

Conga 1

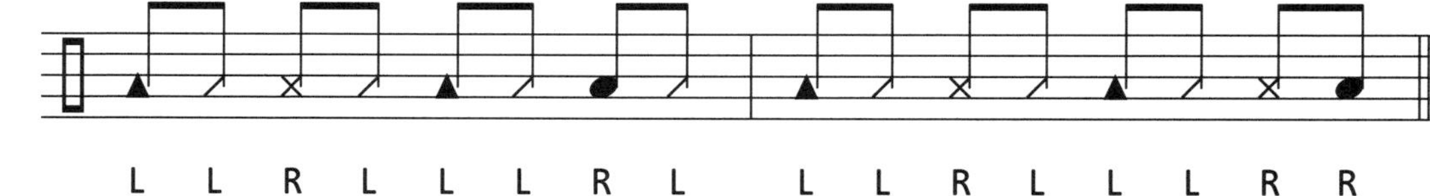

Conga 2

SORO

Guinea

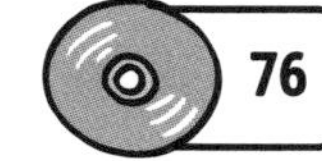

Signal

Tumba

Conga

Caxixi

Cowbell & Surdo

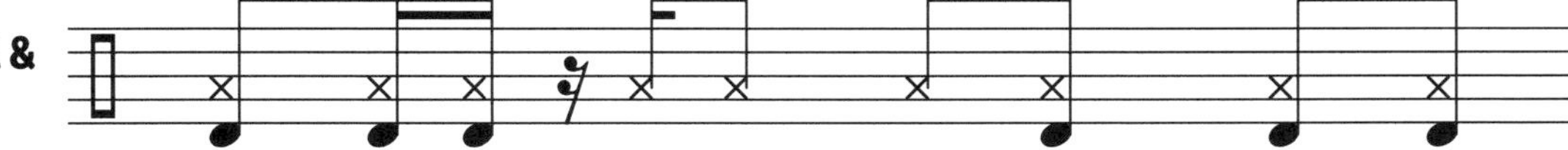

Der Rhythmus „Soro" wird original auf Djembes und Basstrommeln gespielt.

Diese Version ist eine Adaption für Congas mit Begleitinstrumenten.

YUKA

Cuba

Cowbell

Tumba

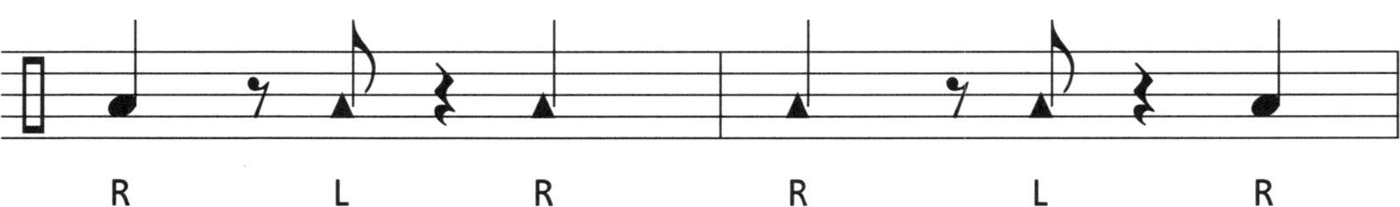

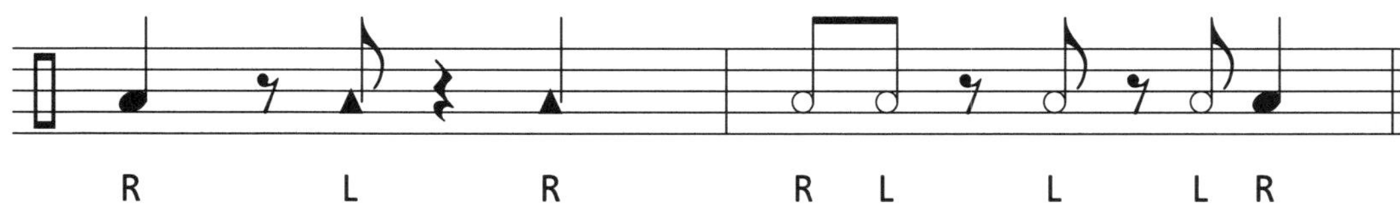

Conga

R.H.: Stick

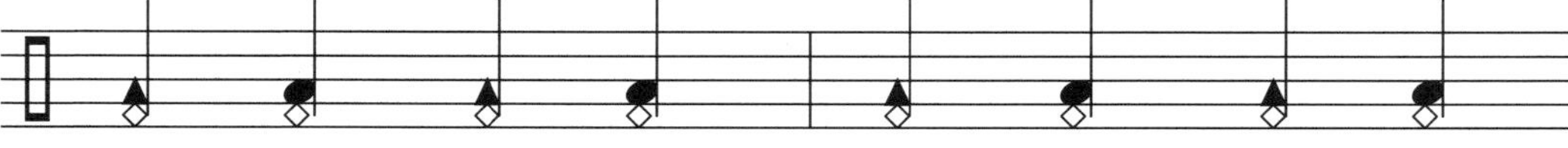

Quinto

Die Conga- und die Quintostimme werden mit einer kombinierten Hand / Stick-Technik gespielt.

6

KOORDINATION

In diesem Kapitel geht es um die Unabhängigkeit zwischen rechter und linker Hand.

Handsätze sind keine notiert, denn bei allen Koordinationsübungen spielt die rechte Hand

die Tumba, die linke Hand die Conga (Rechtshänder). Natürlich können die Stimmen auch

getauscht werden.

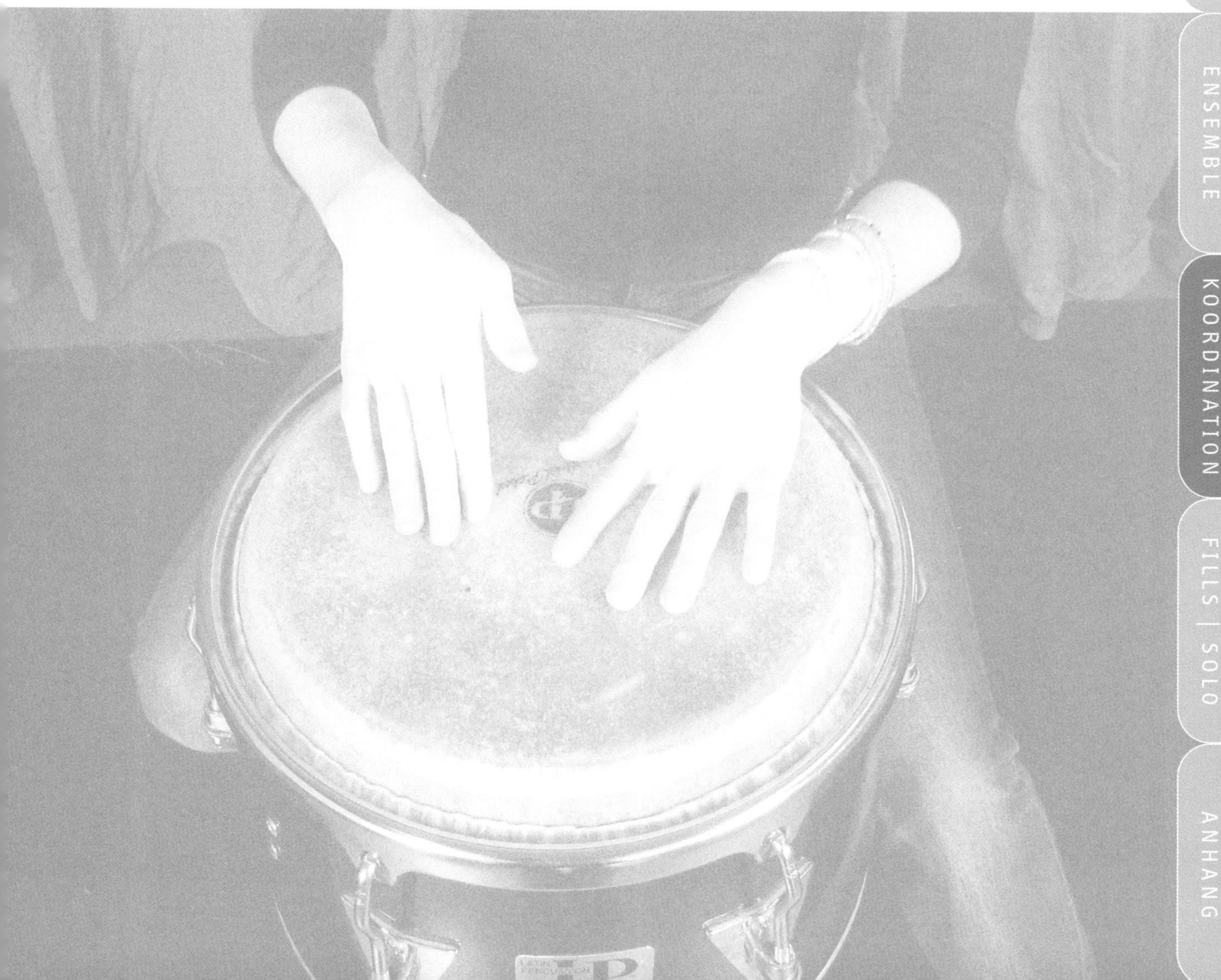

1

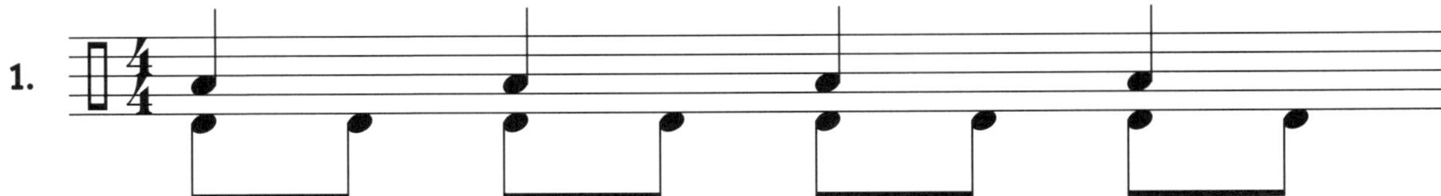

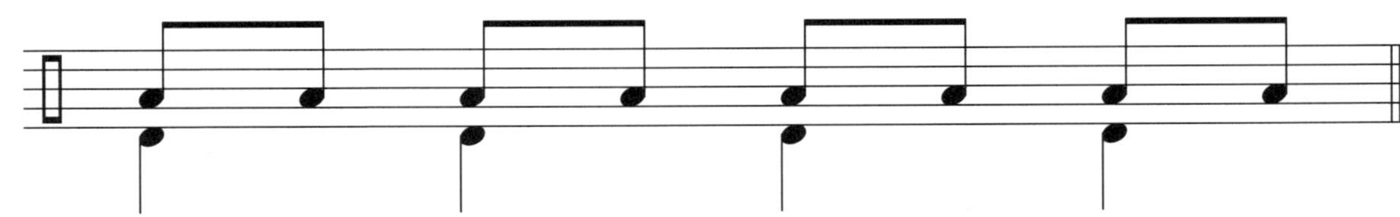

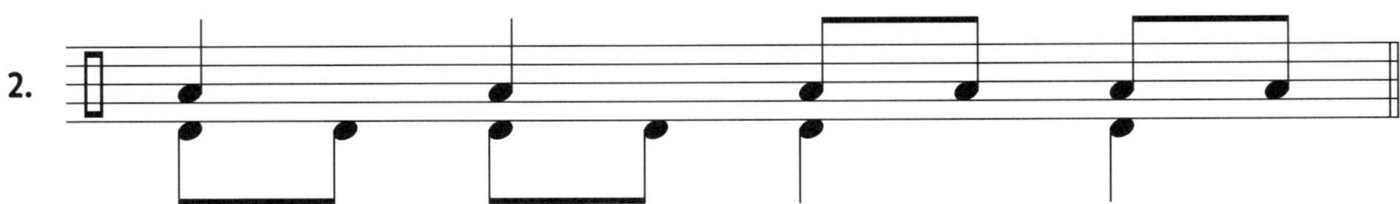

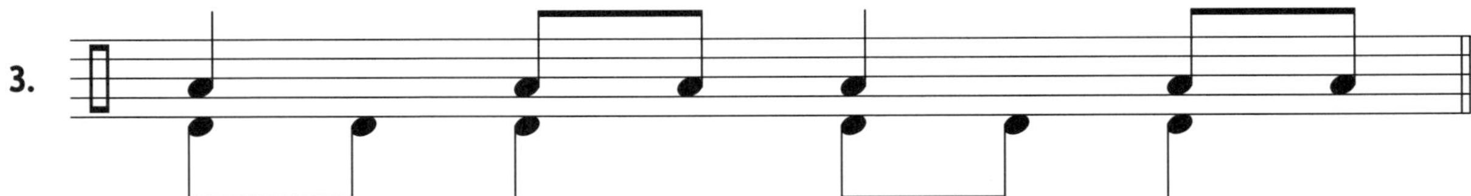

2

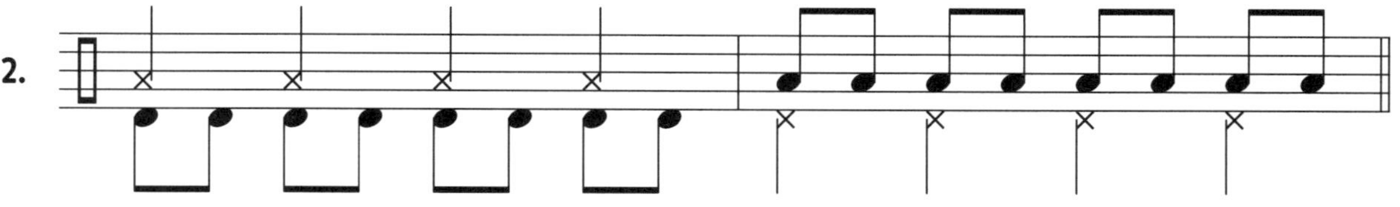

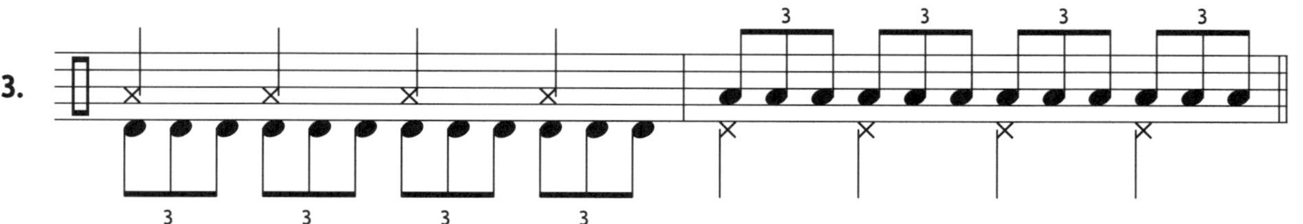

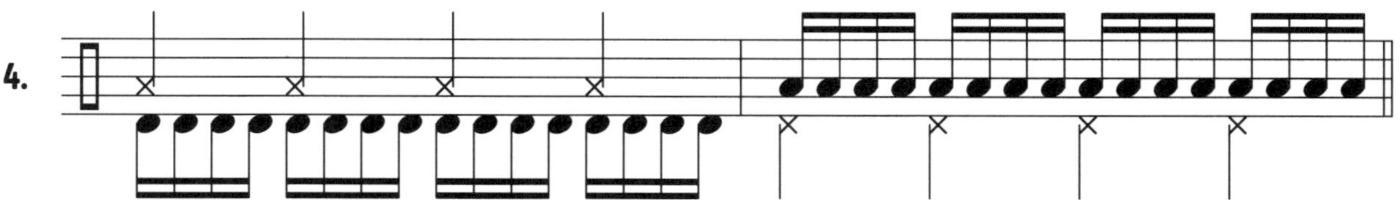

3

1.
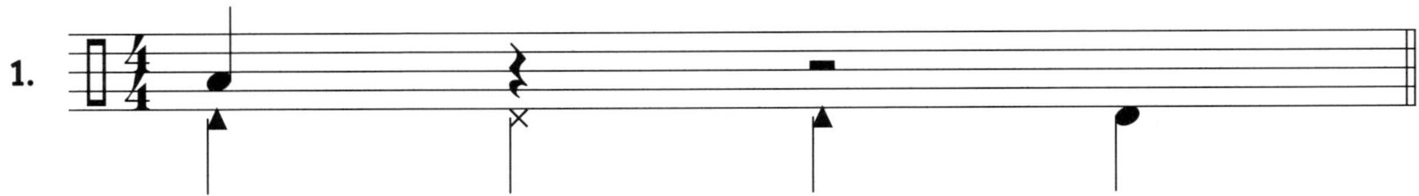

2.
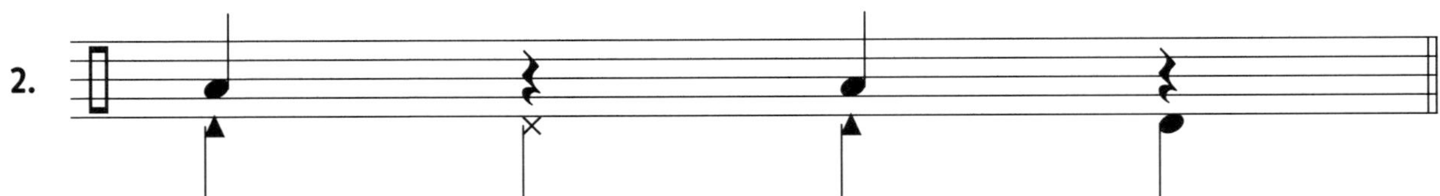

3.
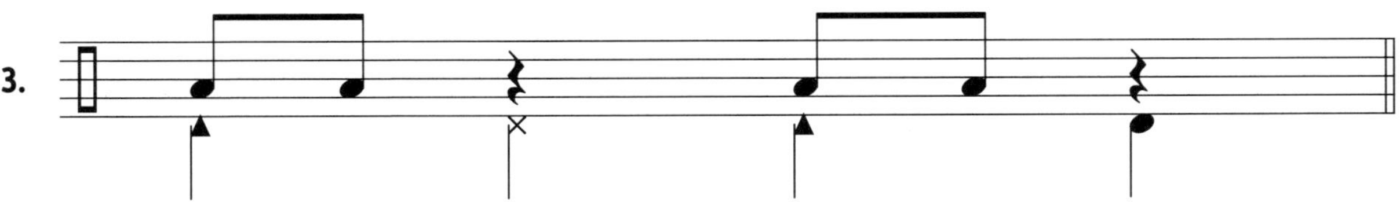

4.
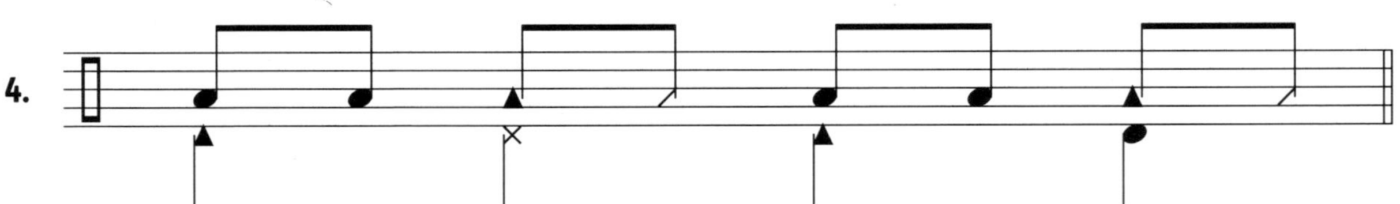

4

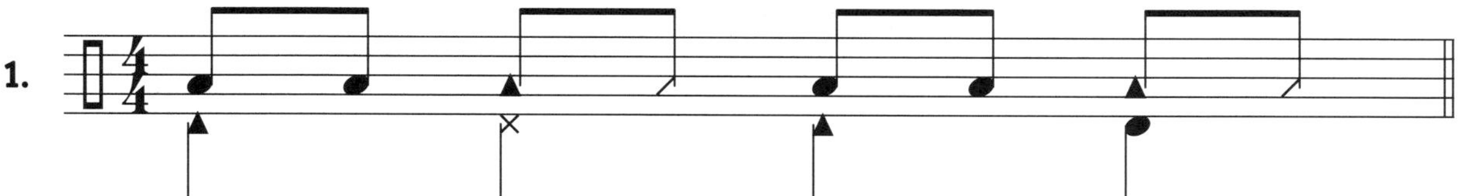

1.

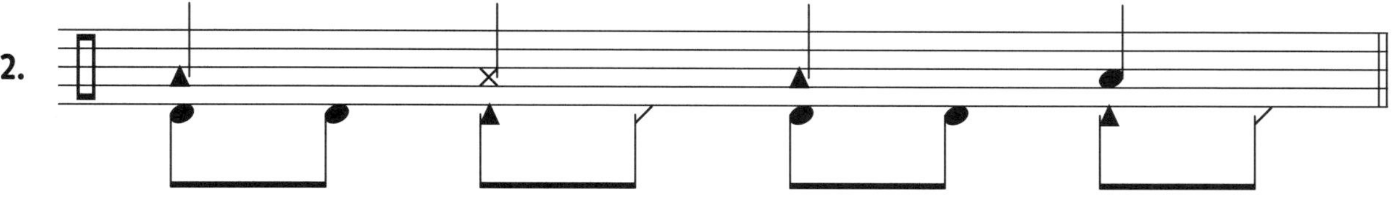

2.

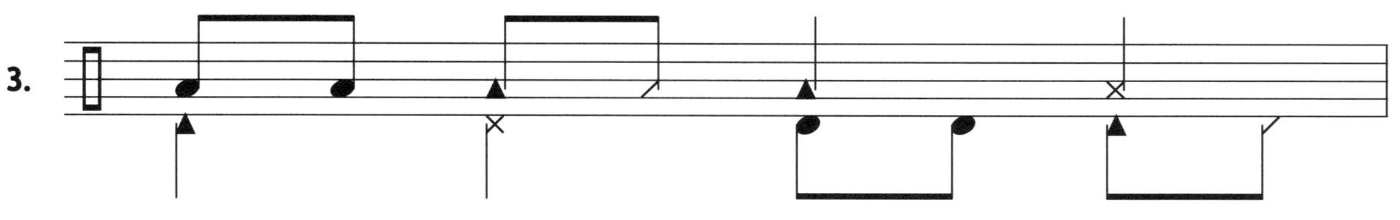

3.

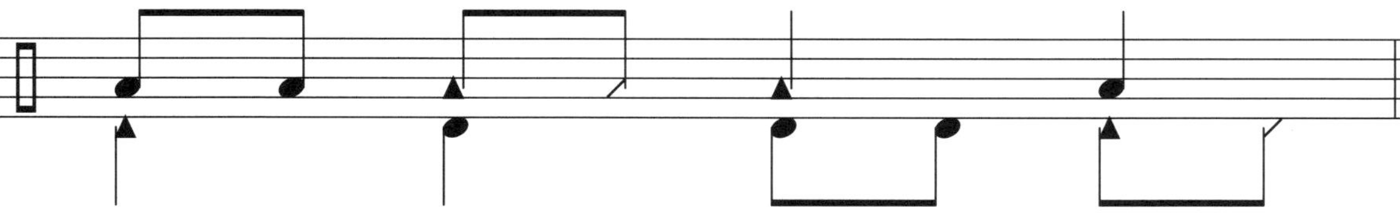

5

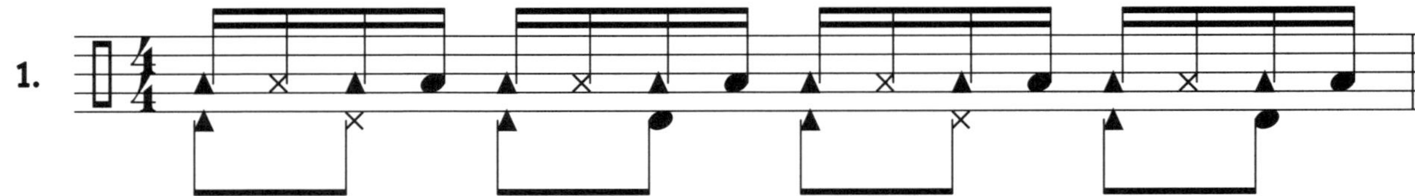

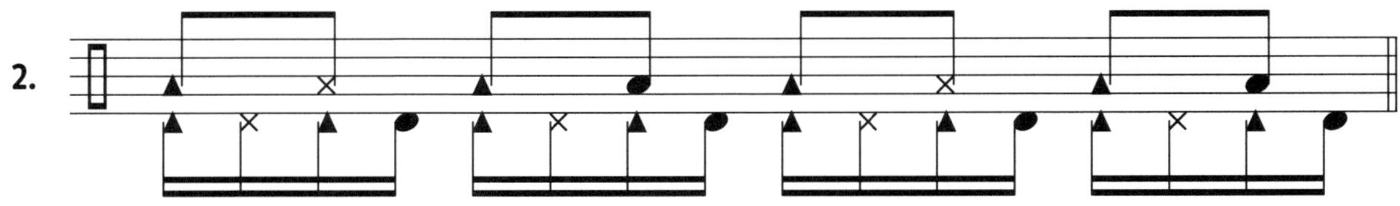

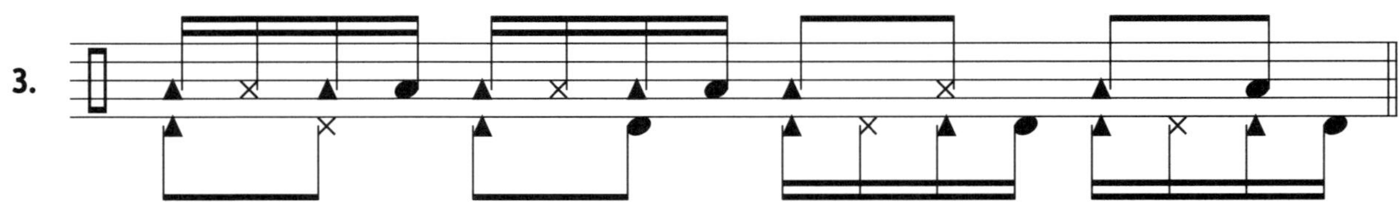

6

Off-Beat

1.

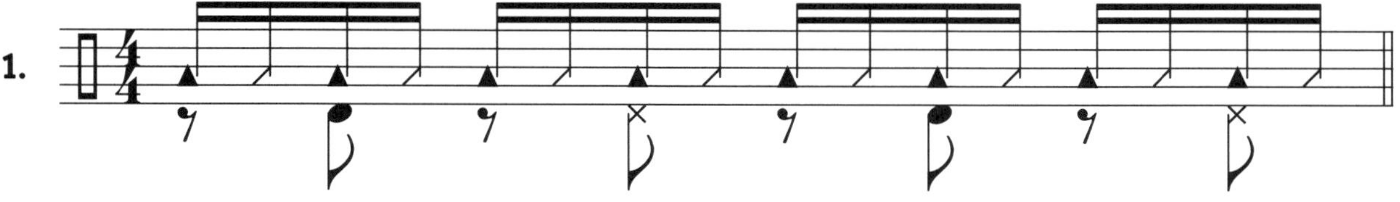

2.

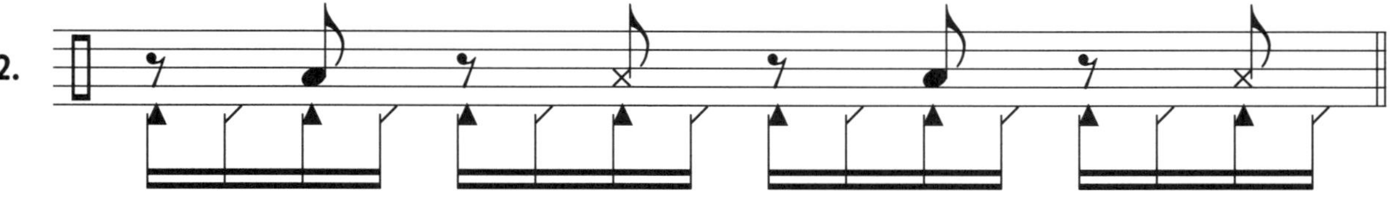

3.

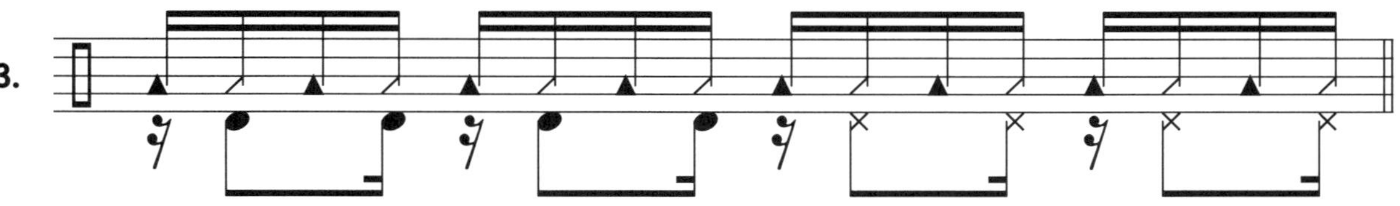

4.

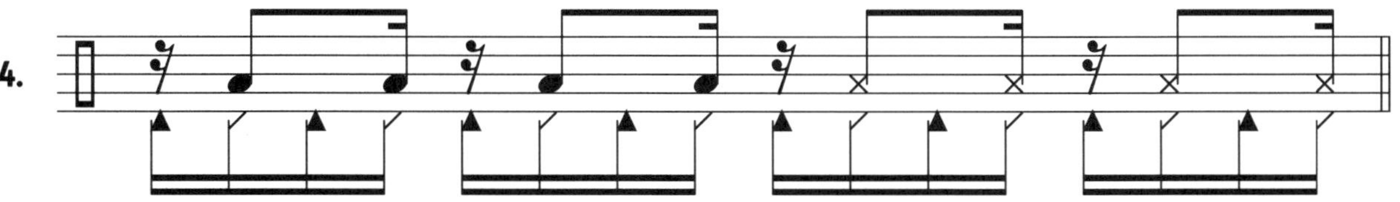

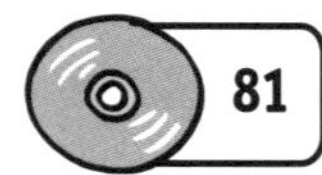

7

2 gegen 3

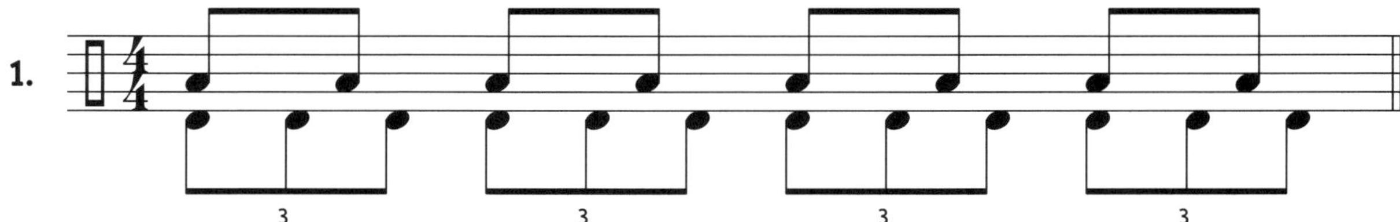

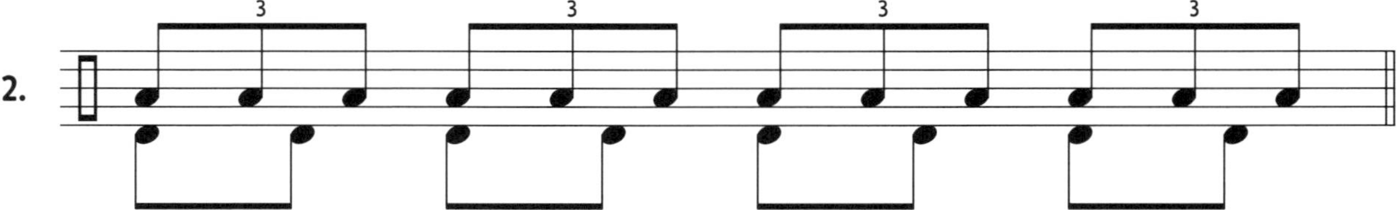

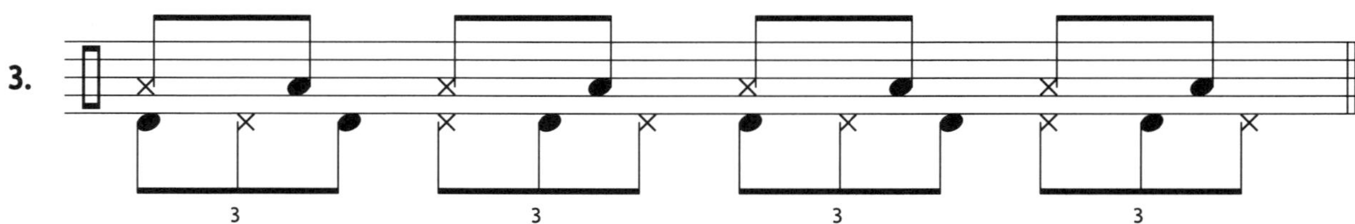

8

3 gegen 4

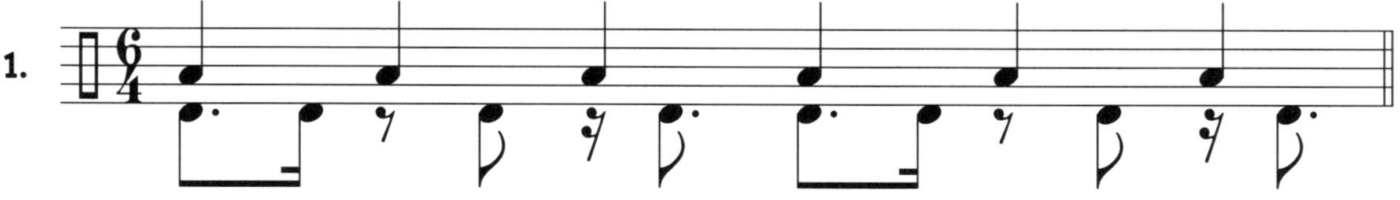

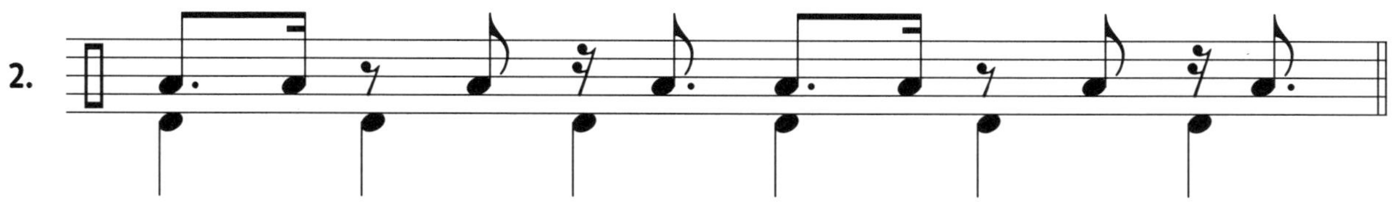

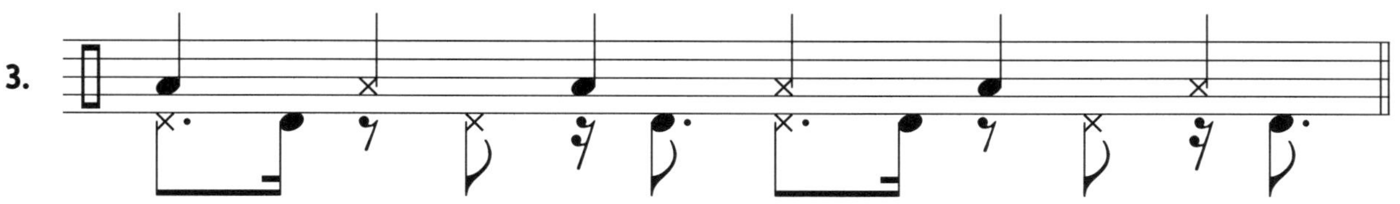

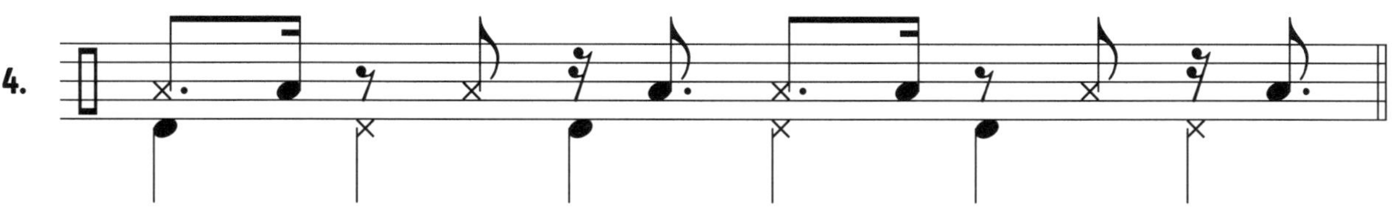

9

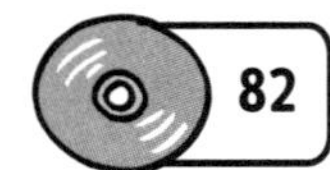

Rumba Clave & Cáscara

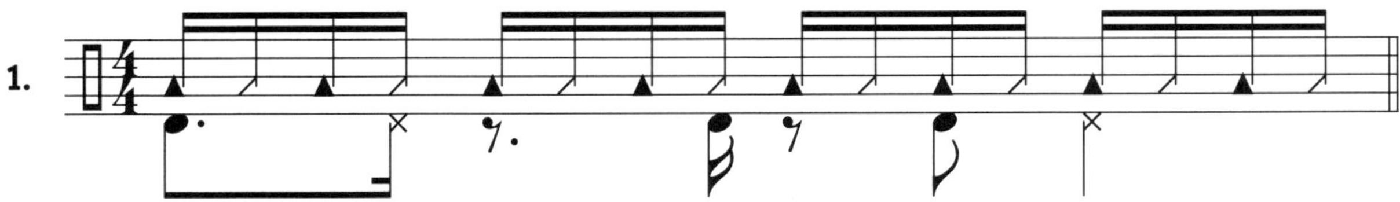

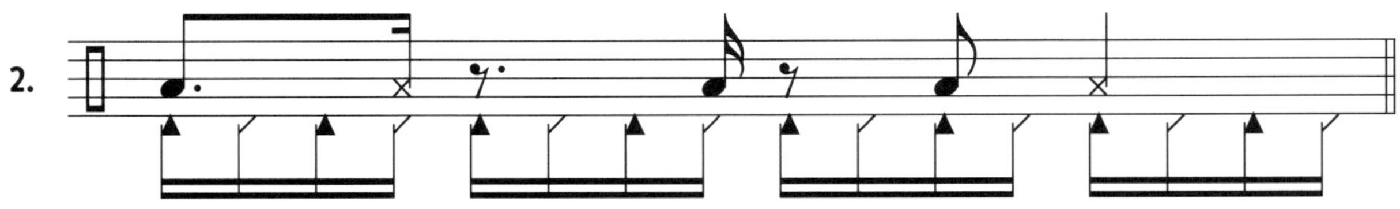

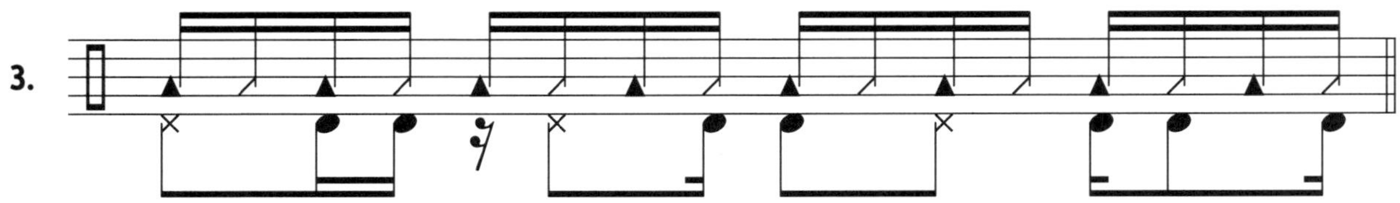

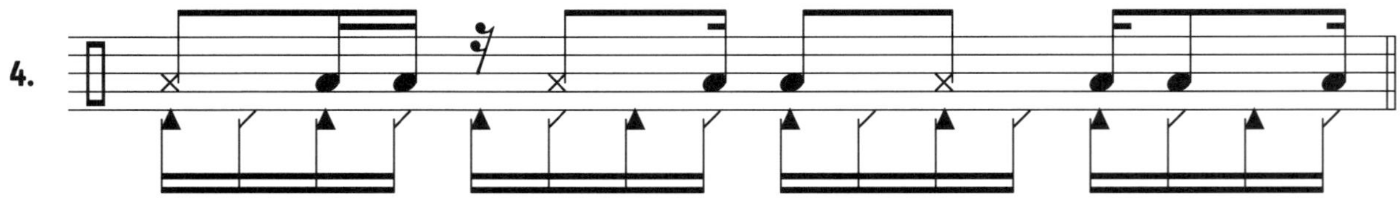

10

12/8

1.

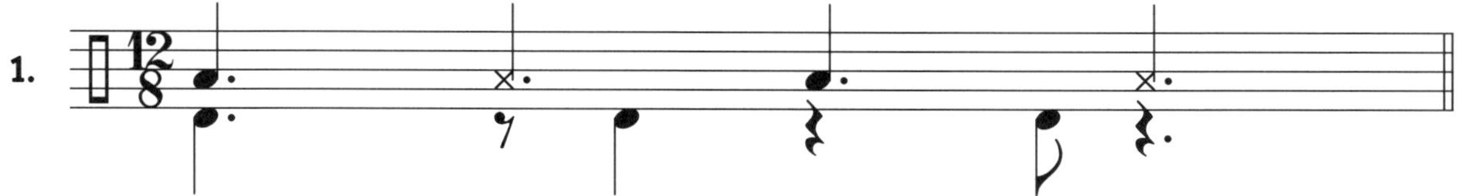

2.

3.

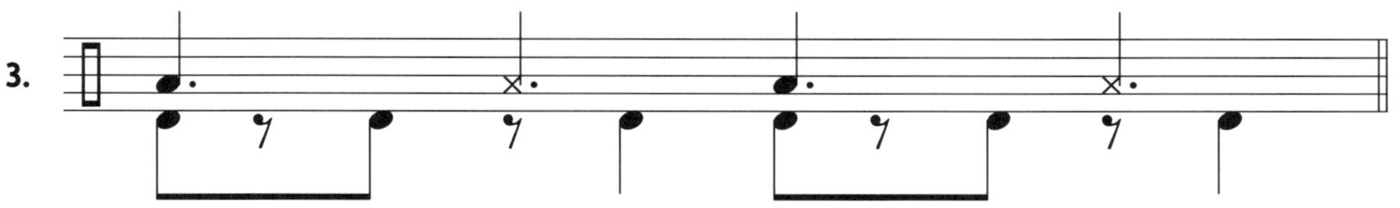

4.

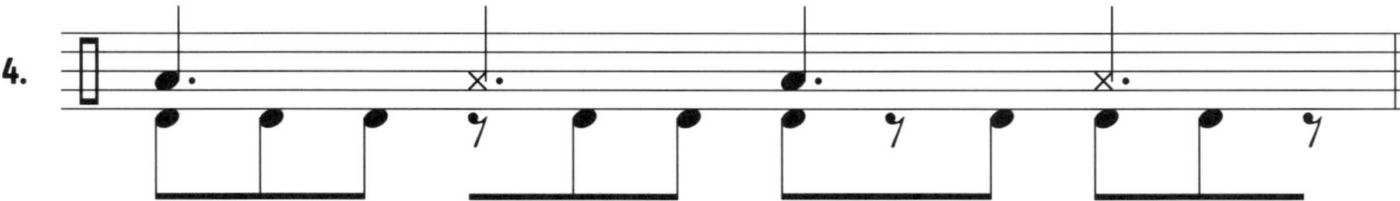

11

12/8-Afro-Bell

Auf der Tumba wird die 12/8-Afro-Bell gespielt, während man auf der Conga polyrhythmisch variiert.

12

polyrhythmisch, 1

13

polyrhythmisch, 2

1.

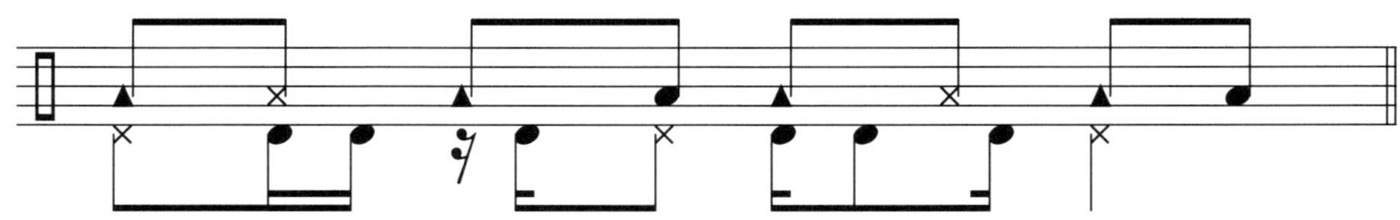

2.

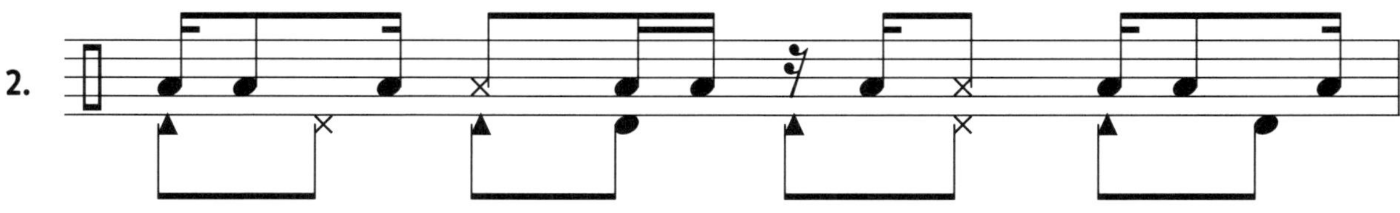

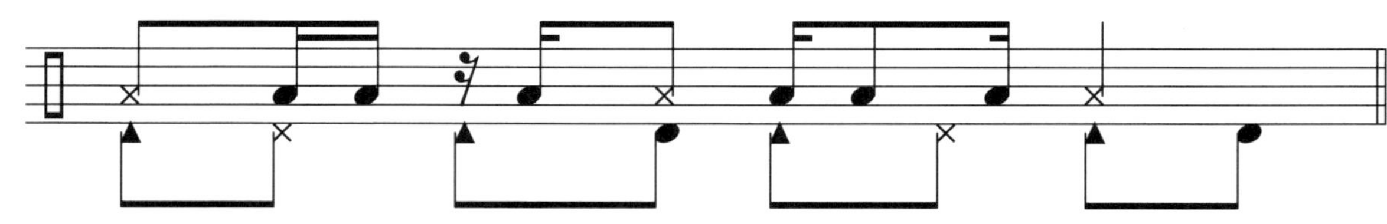

14

polyrhythmisch, 3

15

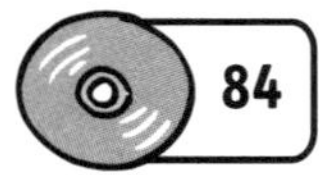

Afoxé

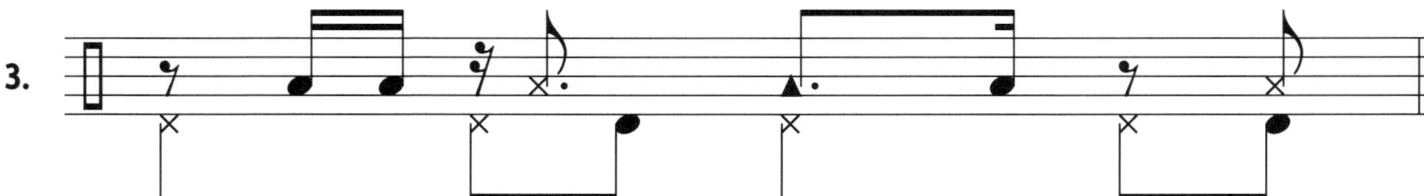

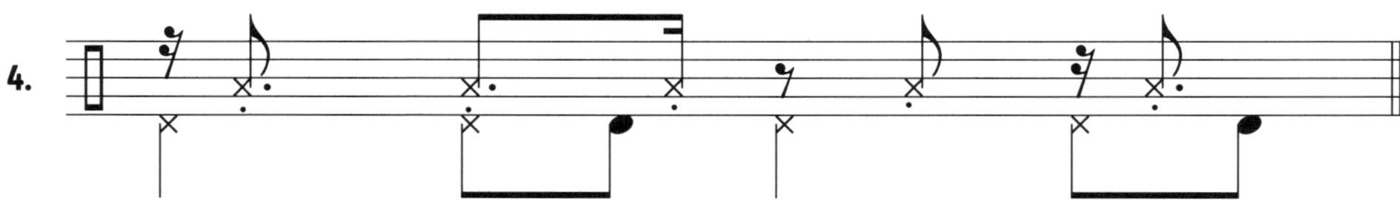

Afoxé ist ein traditioneller afro-brasilianischer Rhythmus, dem im Kapitel „Percussion Ensemble" eine eigene Seite gewidmet ist. Die erste Zeile zeigt eine Afoxé-Stimme für zwei Congas. Bei Nr. 2 – 5 variiert die linke Hand, während die rechte Hand auf der Tumba eine Ostinato-Figur spielt.

16

Afro

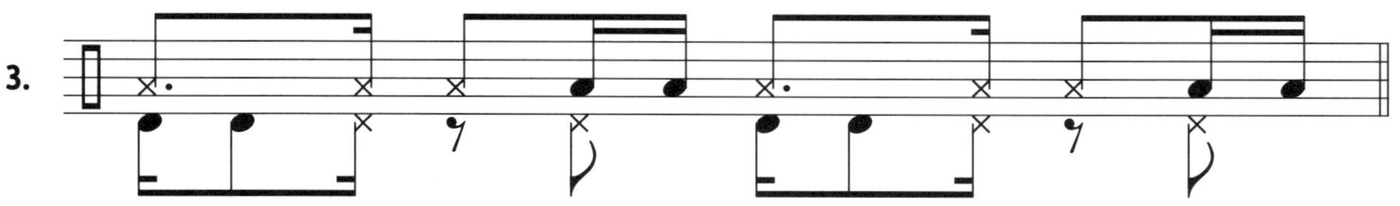

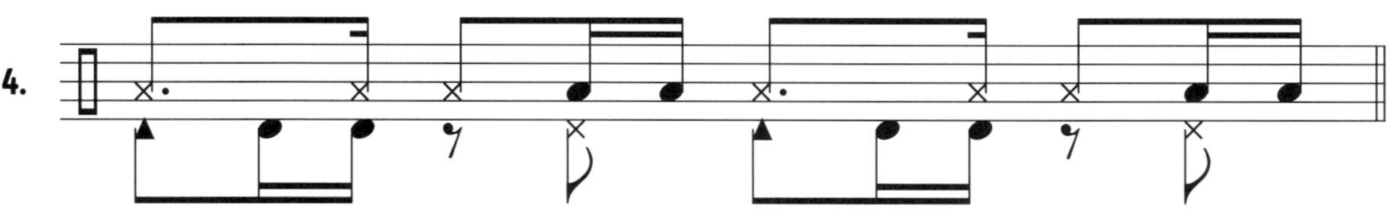

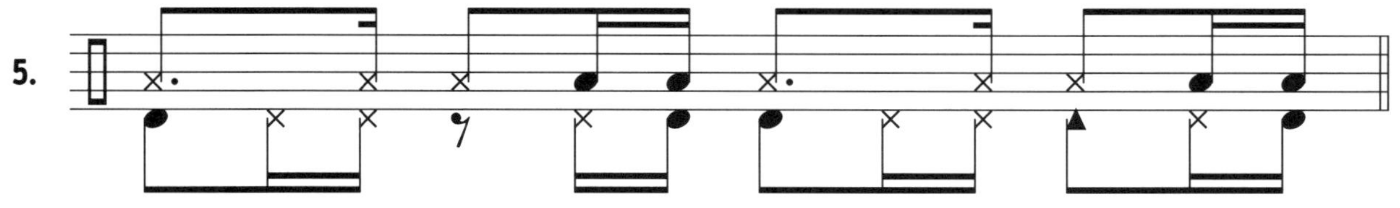

Die linke Hand spielt auf der Conga einen Basic-Afro Groove, die rechte Hand ergänzt diesen auf der Tumba um verschiedene Begleitstimmen.

17

Bomba

1.
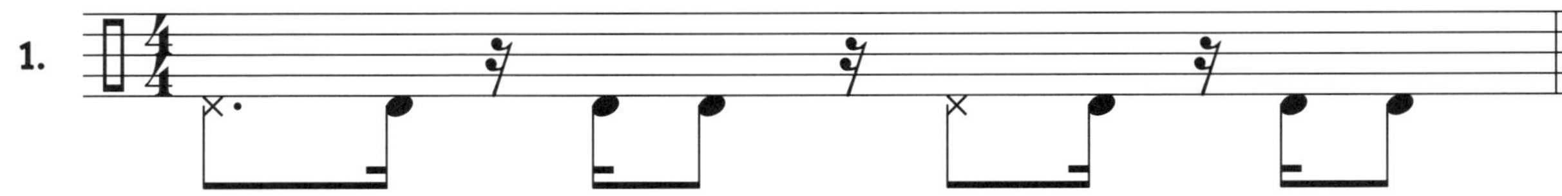

2.
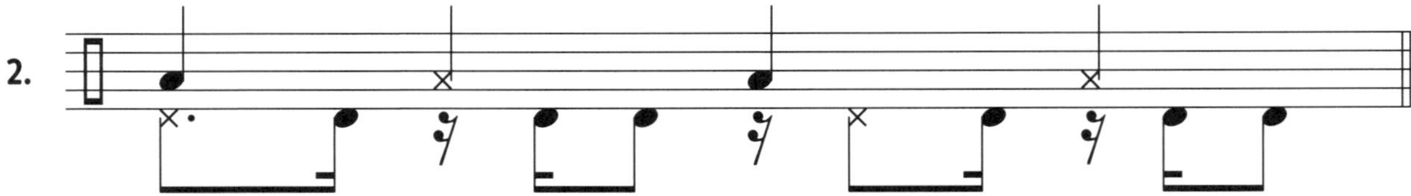

3.
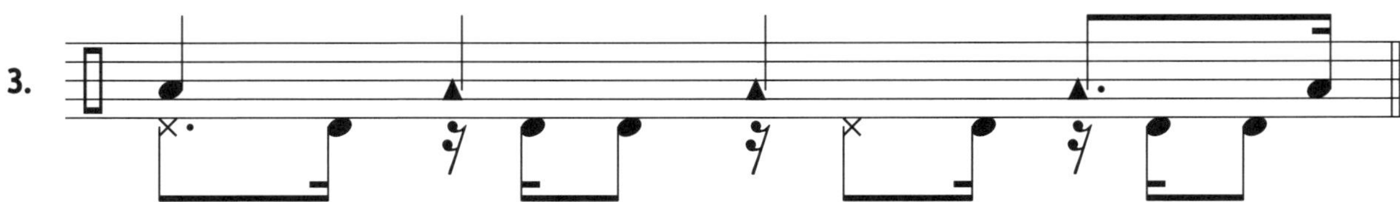

4.
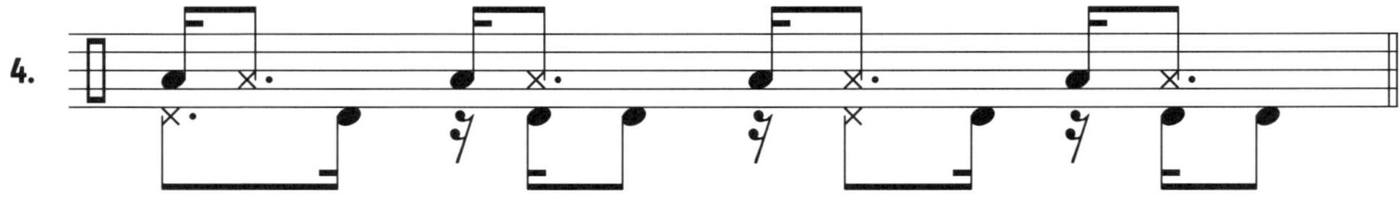

5.
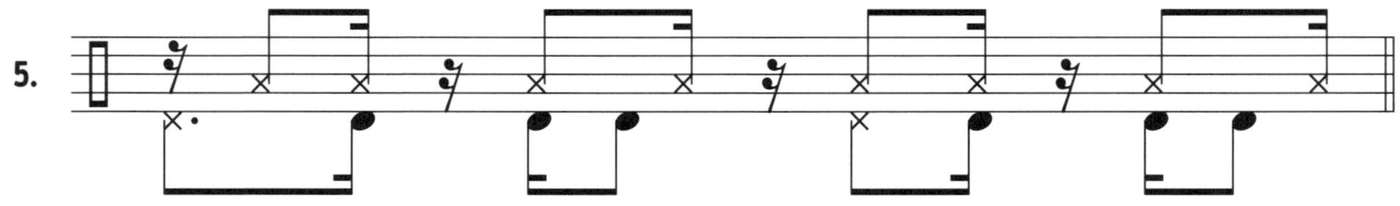

Die rechte Hand spielt eine Bomba-Figur (Bomba: traditioneller Rhythmus aus Puerto Rico, siehe Kapitel „Rhythmen" und „Percussion Ensemble"), die linke Hand variiert.

18

Clave

1.

2.
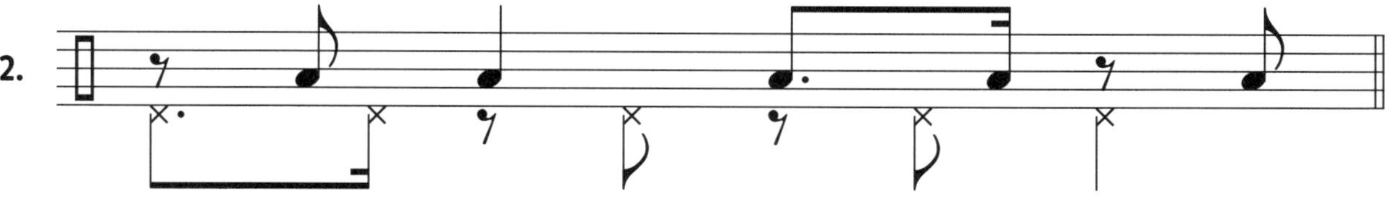

3.

4.

Auf der Conga wird die 2/3-Clave gespielt, auf der Tumba die 3/2-Clave; dabei verändern sich die Sounds.

19

Latin

1.

2.

3.

4.
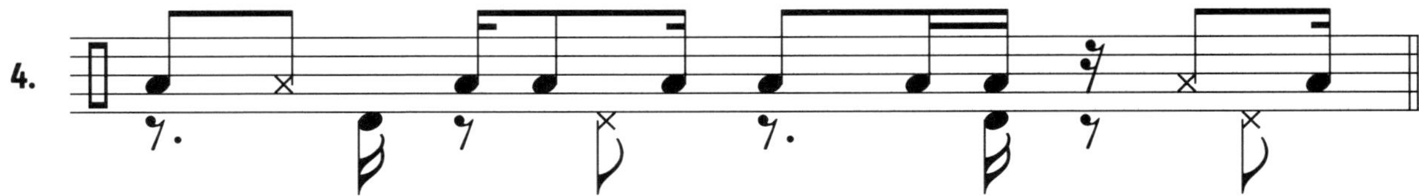

5.

6.

Die Tumba spielt eine typische Latin-Bassfigur, die Conga variiert.

20

Samba, Bossa

1. 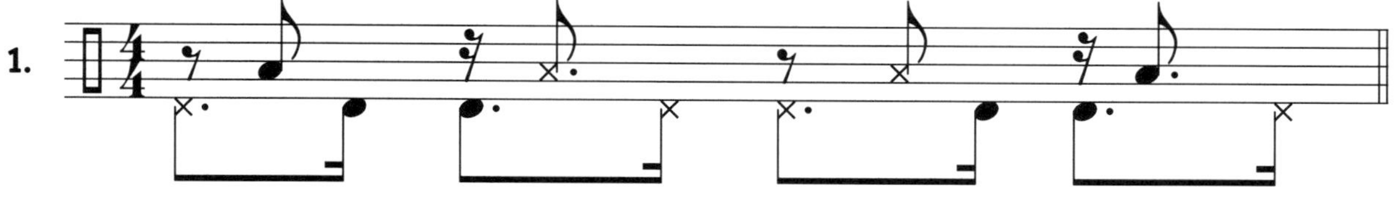

2. 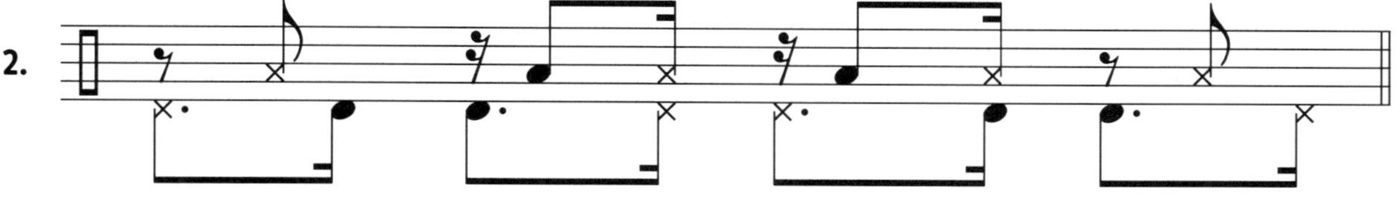

3. 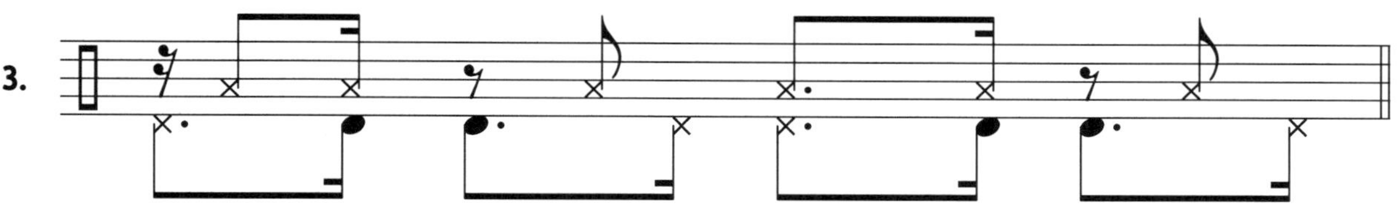

4. 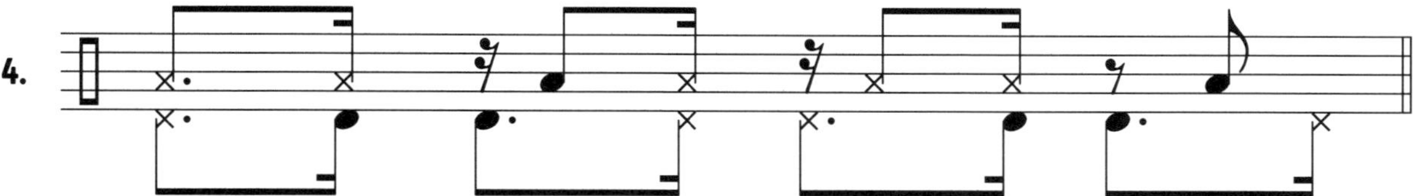

21

Tumbao

1. 

2. 

3. 

4. 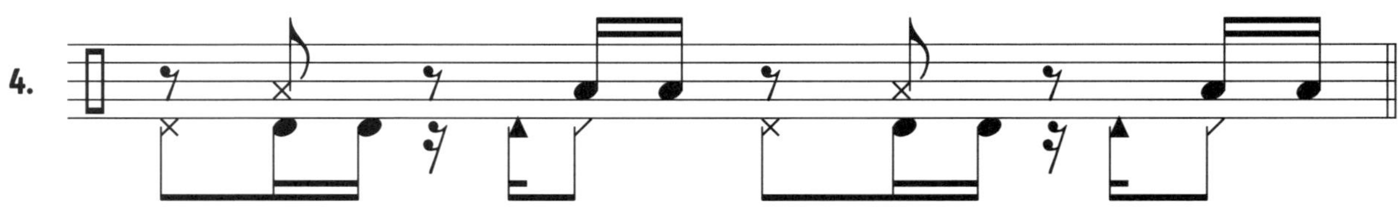

5. 

Die linke Hand spielt die Hauptakzente des Tumbao, während die rechte Hand auf der Tumba die Clave und die Cáscara etc. spielt.

7

FILLS | SOLOTECHNIK

Hier werden nun die unterschiedlichsten Solofiguren im binären und ternären Feeling

vorgestellt. Außerdem wird gezeigt, wie Fill-ins mit Rhythmen kombiniert werden können.

Abschließend gibt es ausnotierte Conga-Soli.

CHA-CHA-CHA FILLS

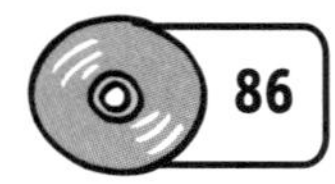

1

CHA-CHA-CHA FILLS

2

1.

2.

CHA-CHA-CHA FILLS

3

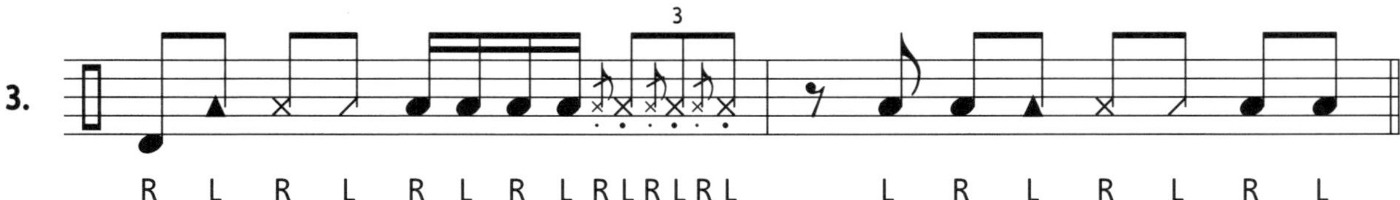

CHA-CHA-CHA FILLS

4

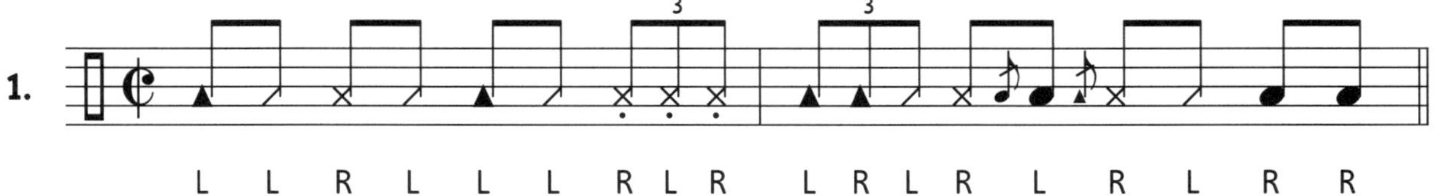

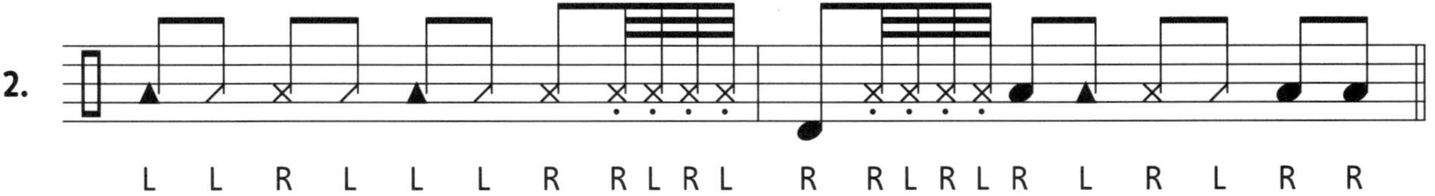

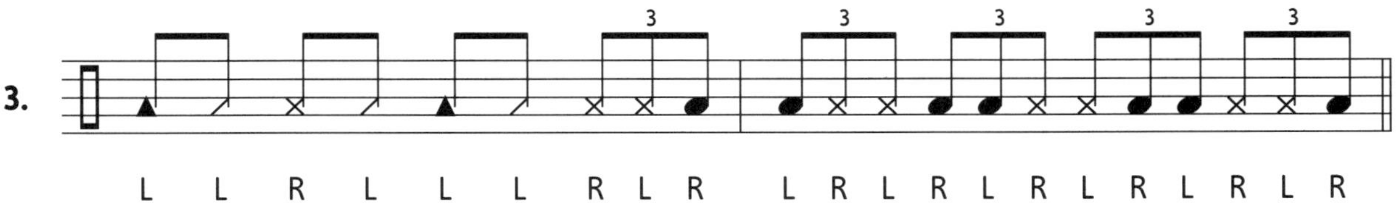

EINLEITUNG
BASICS
ÜBUNGEN
RHYTHMEN
ENSEMBLE
KOORDINATION
FILLS | SOLO
ANHANG

TUMBAO FILLS

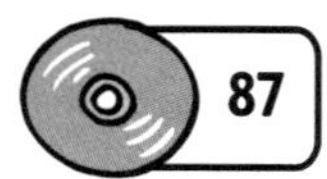

1

TUMBAO FILLS

2

1.

2.
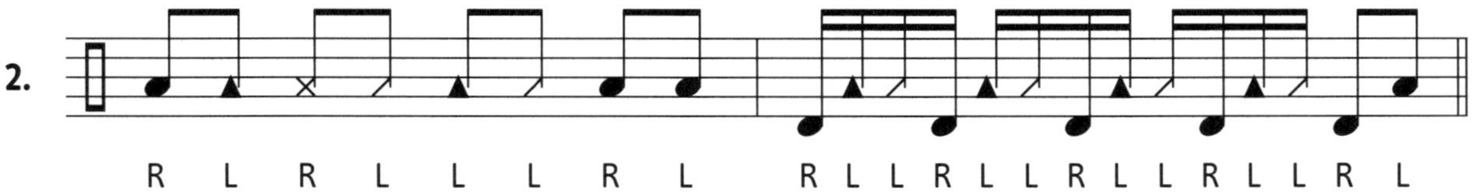

3.

4.

TUMBAO FILLS

3, 16tel-Triolen

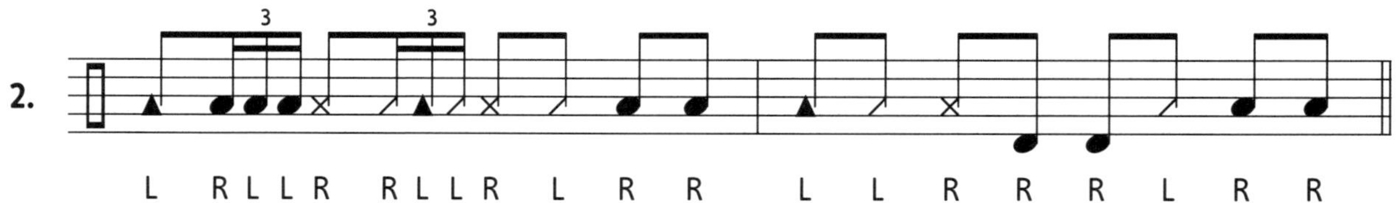

TUMBAO FILLS

4, Off-Beat-Feeling

1.

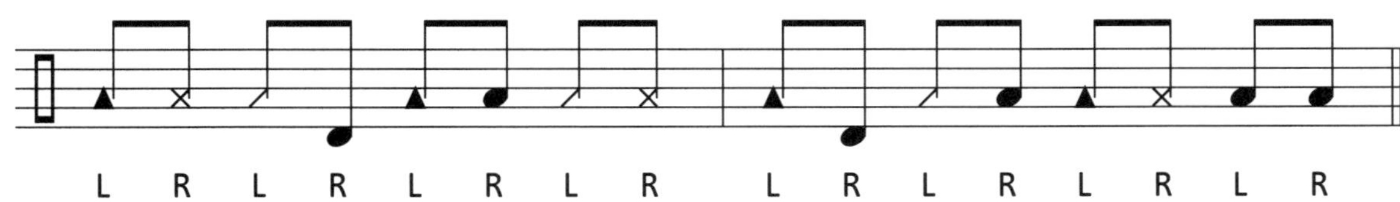

2.

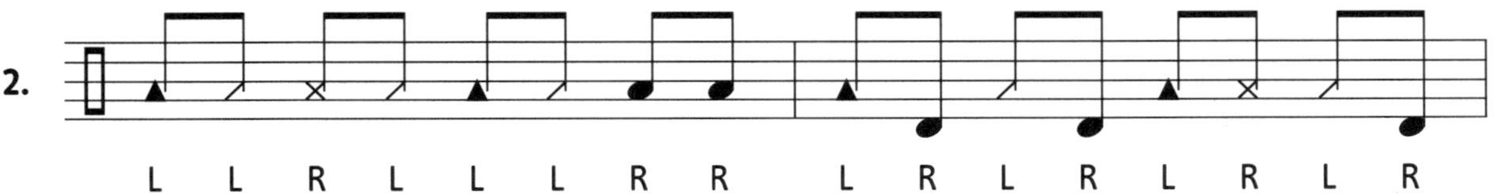

TUMBAO FILLS

5, Quintolen

1.

2.

3.

4.

TUMBAO FILLS

Triolen

1. 

2. 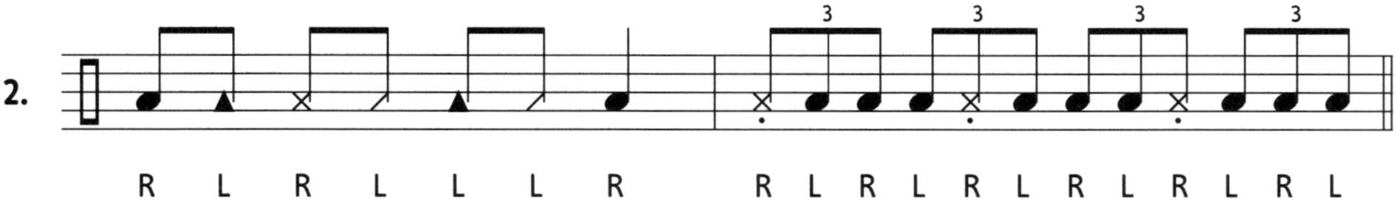

3. 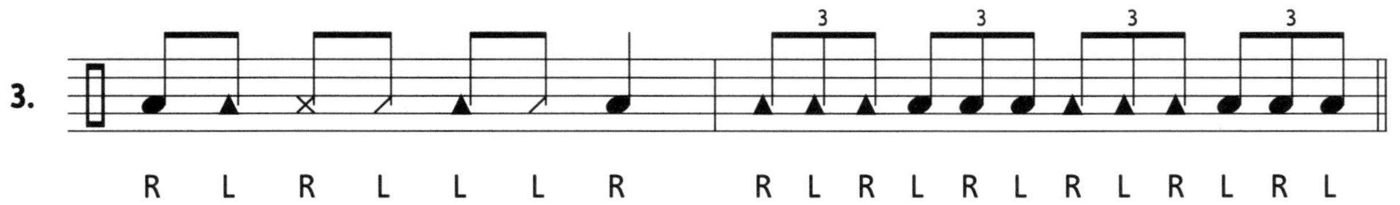

4. 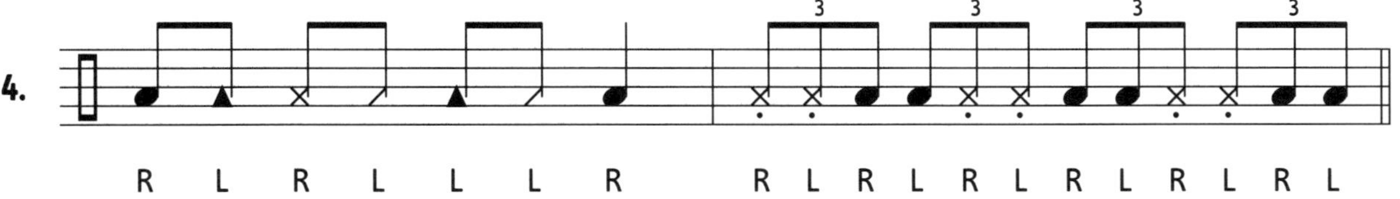

TUMBAO FILLS

Ruff, 1

1.

2.

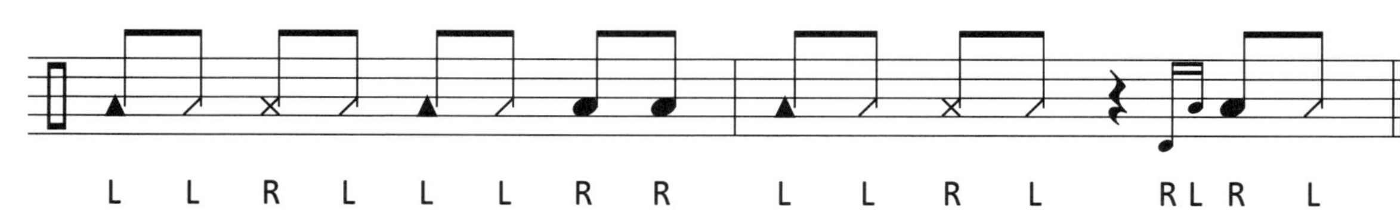

TUMBAO FILLS

Ruff, 2

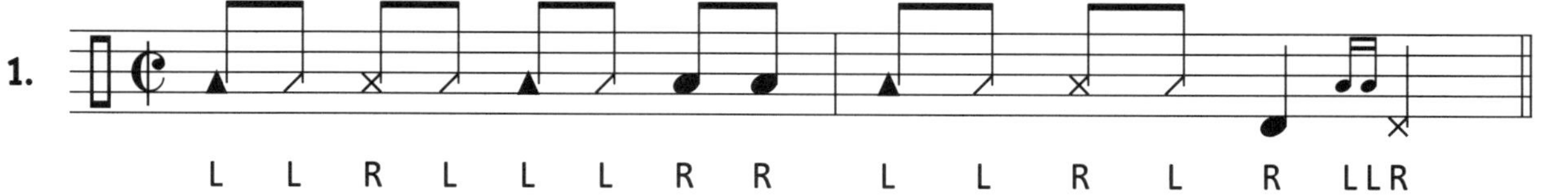

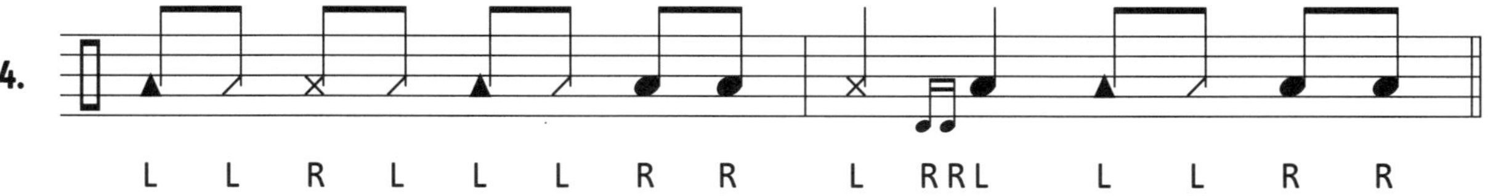

TUMBAO PHRASE

mit Fill-ins

Hier wird eine Möglichkeit gezeigt, wie das Tumbao-Pattern ausgeschmückt werden kann.

TUMBAO SOLO FILL

2/3-Clave de Son

EINLEITUNG
BASICS
ÜBUNGEN
RHYTHMEN
ENSEMBLE
KOORDINATION
FILLS | SOLO
ANHANG

SOLOFIGUREN

Off-Beat-Feeling, 1

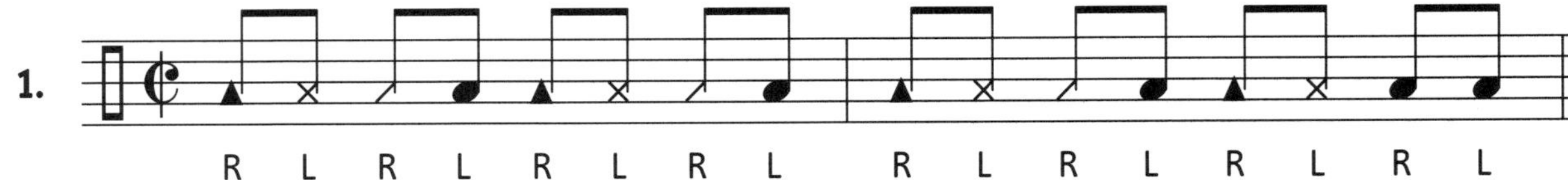

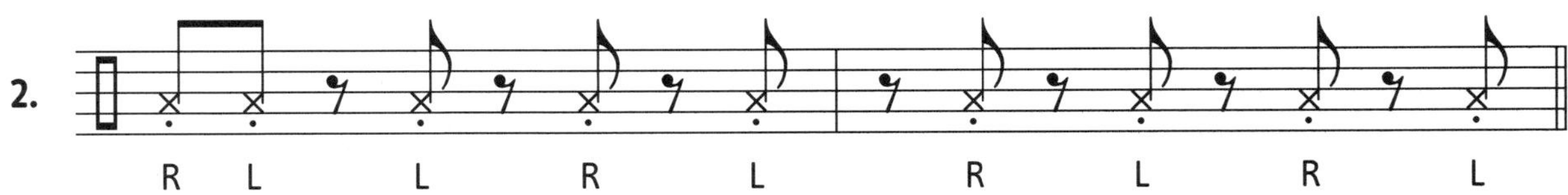

SOLOFIGUREN

Off-Beat-Feeling, 2

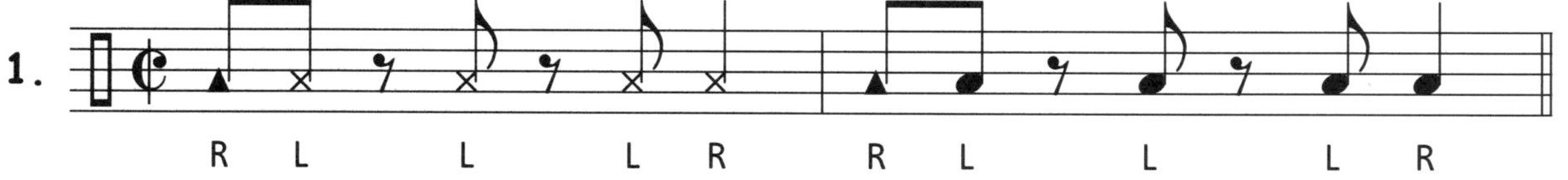

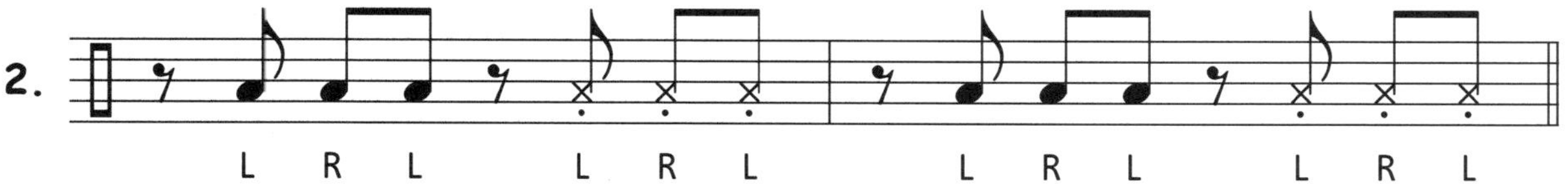

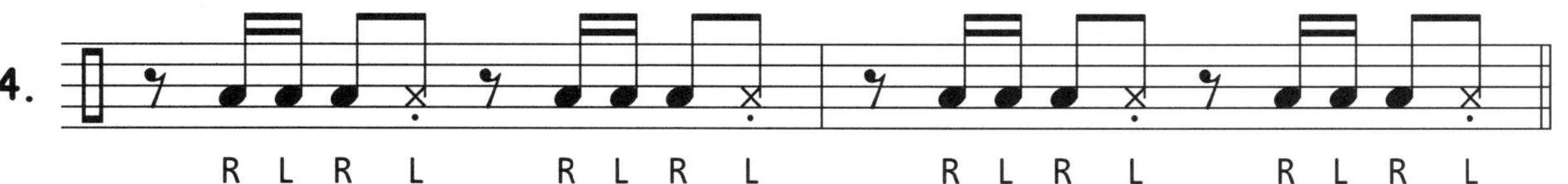

SOLOFIGUREN

Off-Beat-Feeling, 3

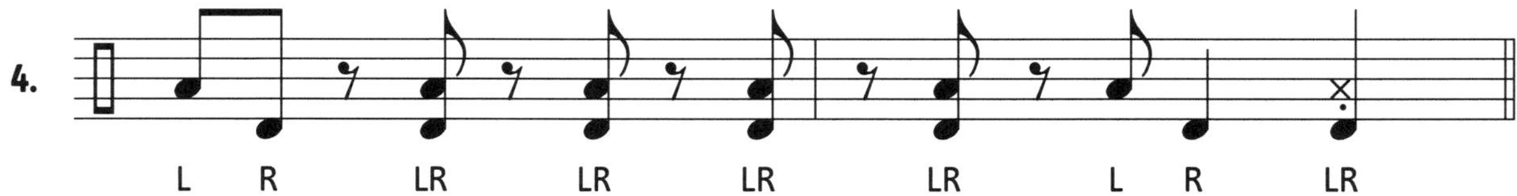

SOLOFIGUREN

polyrhythmisch, 1

SOLOFIGUREN
polyrhythmisch, 2

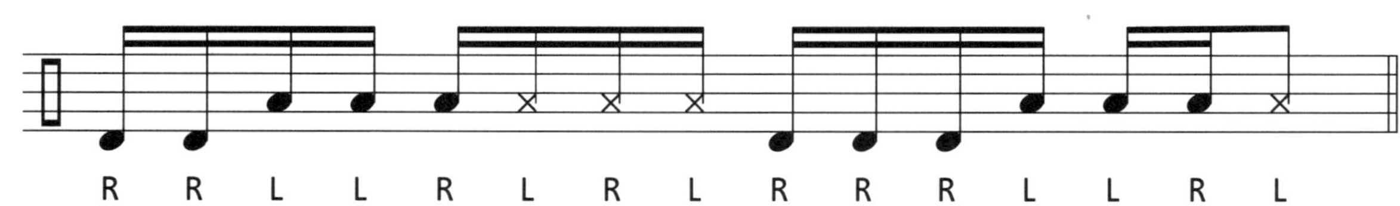

SOLOFIGUREN

polyrhythmisch, 3

SOLOFIGUREN

polyrhythmisch, 4

1.

2.

SOLOFIGUREN

polyrhythmisch, 5

1.

2.

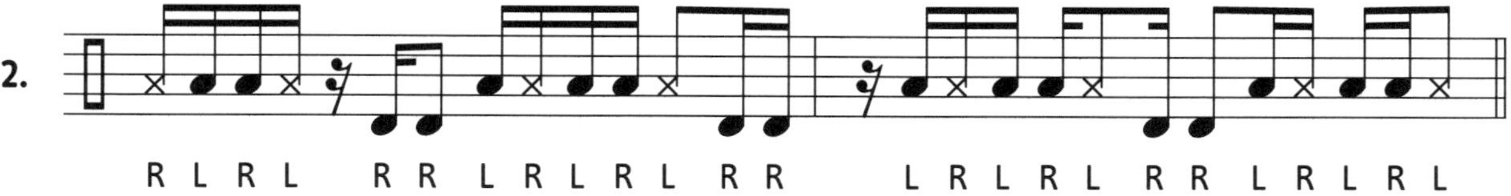

3.

4.

SOLOFIGUREN

polyrhythmisch, 6

1.

2.

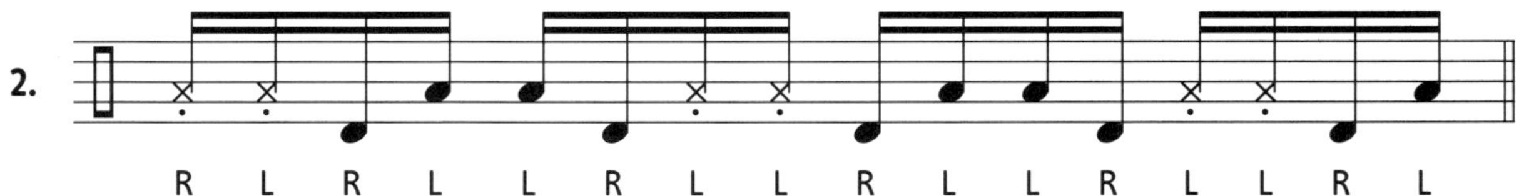

3.

SOLOFIGUREN

polyrhythmisch, 7

SOLOFIGUREN

polyrhythmisch, 8

1.

2.

SOLOFIGUREN

Sextolen, 1

1.

2.

SOLOFIGUREN

Sextolen, 2

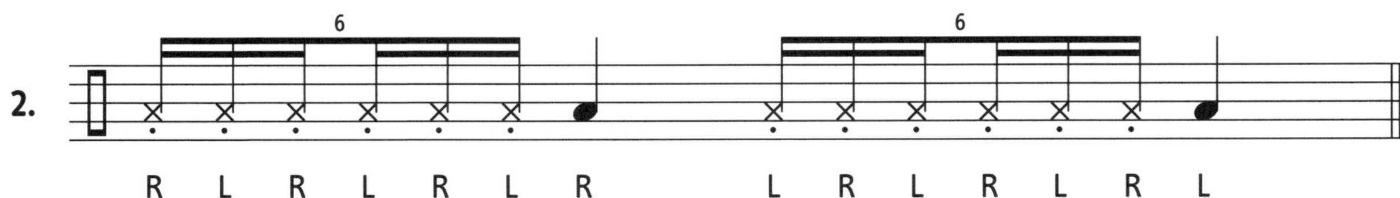

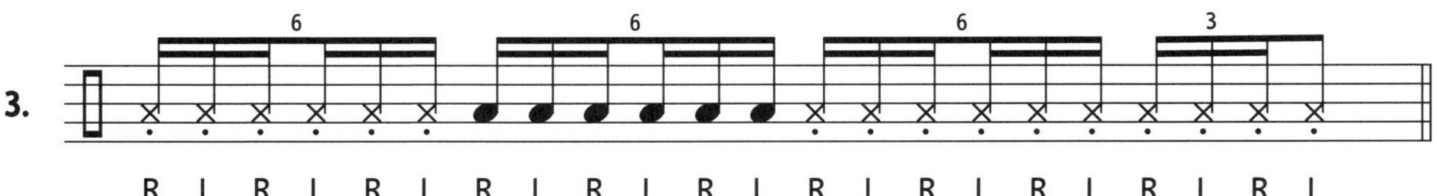

SOLOFIGUREN

Sextolen, 3

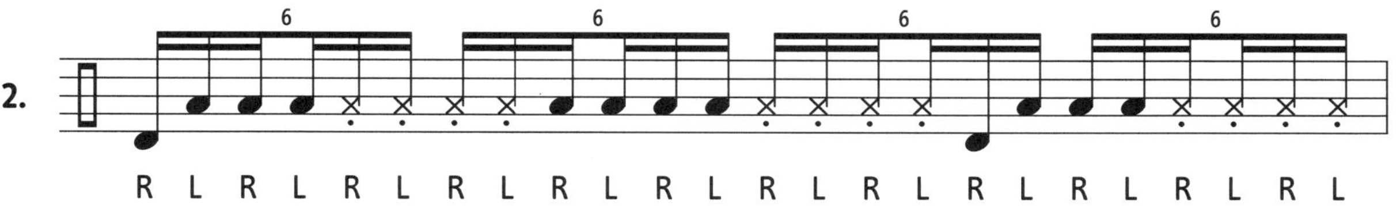

SOLOFIGUREN

16tel & Triolen mit Flams

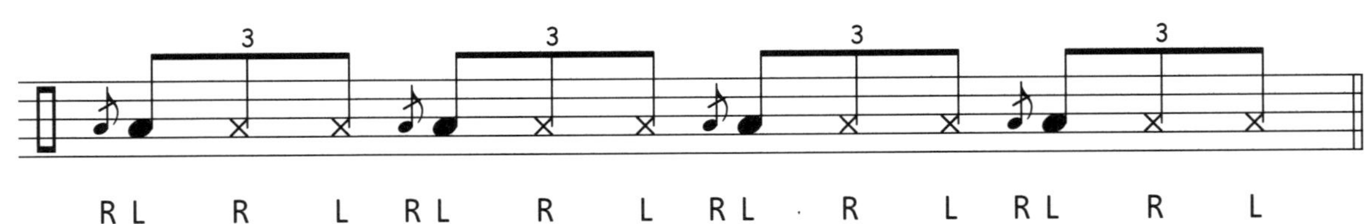

SOLOFIGUREN

Flams, 1

1.

2.
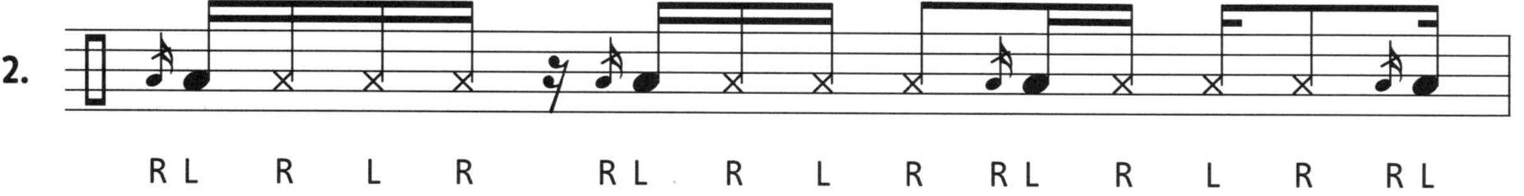

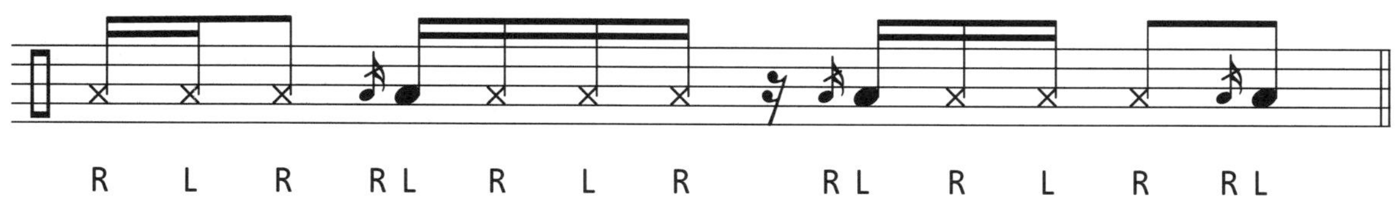

3.

4.

SOLOFIGUREN

Flams, 2

1.

2.

SOLOFIGUREN 12/8

1

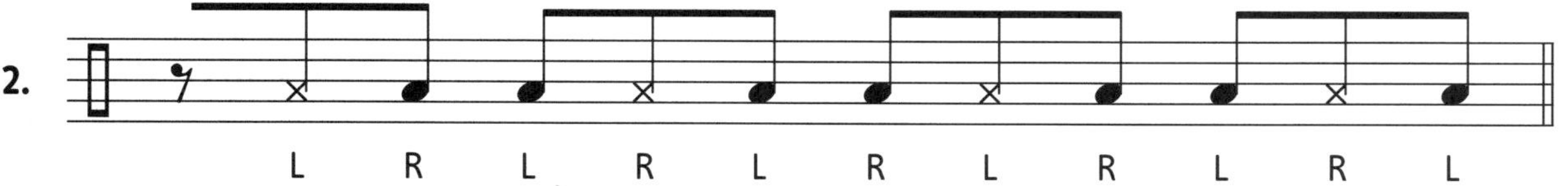

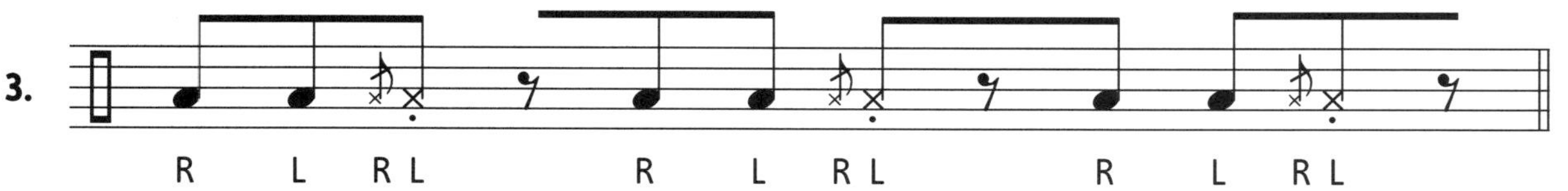

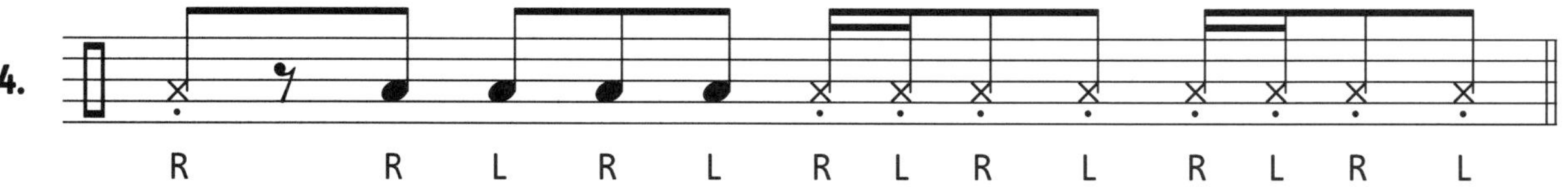

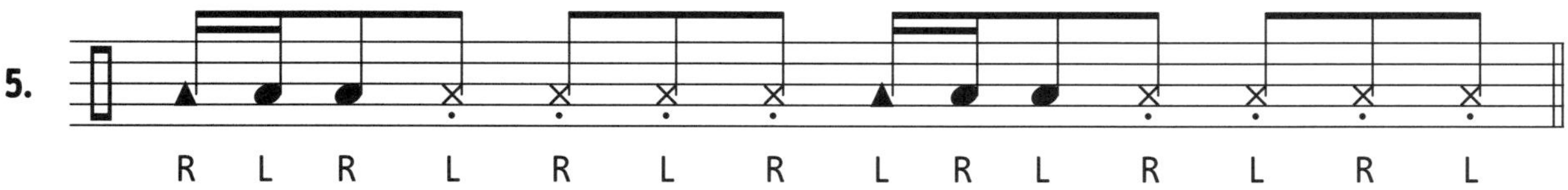

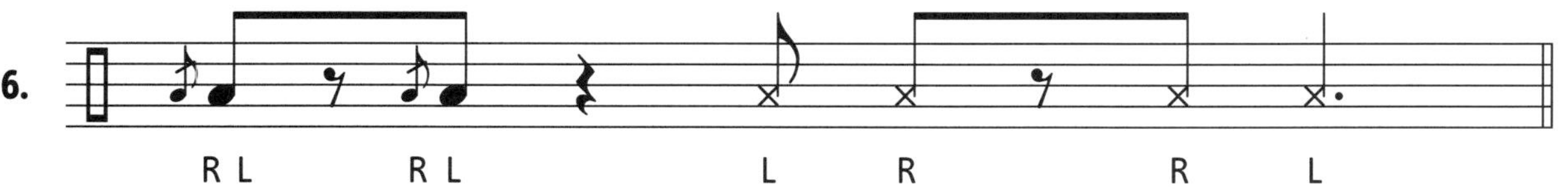

SOLOFIGUREN 12/8

2

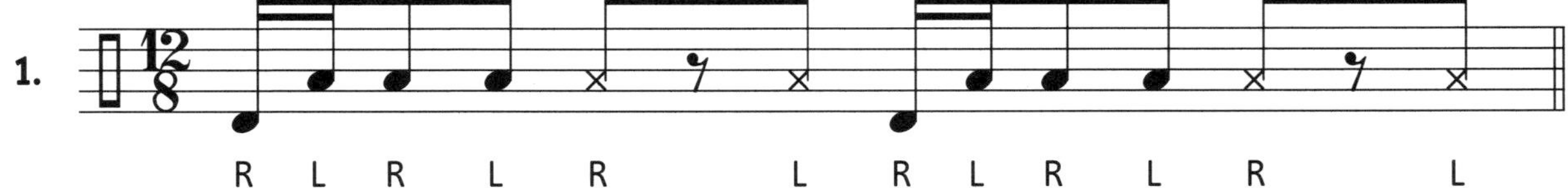

SOLOFIGUREN 12/8

3

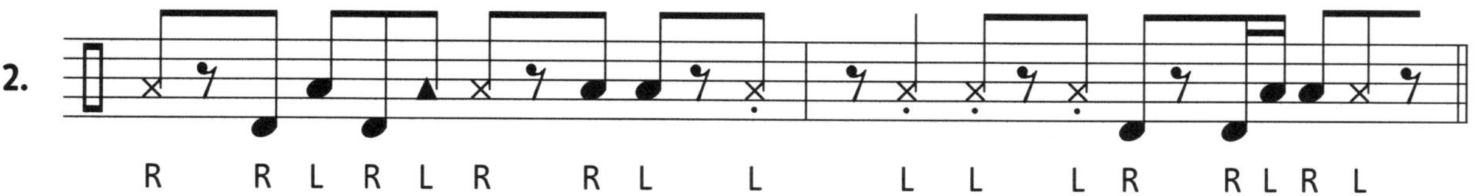

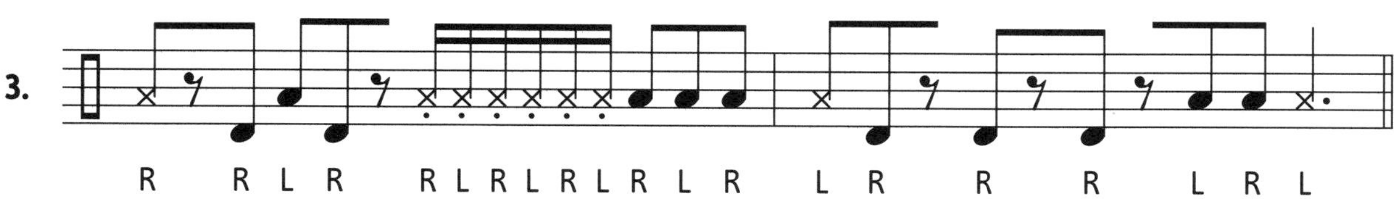

SOLOFIGUREN 12/8

4, Duolen & Quartolen

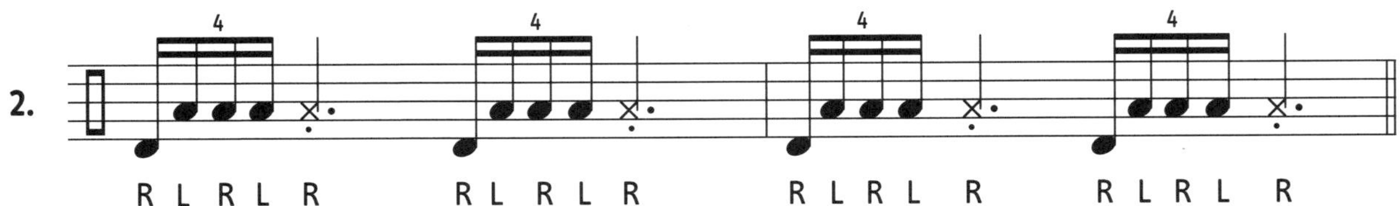

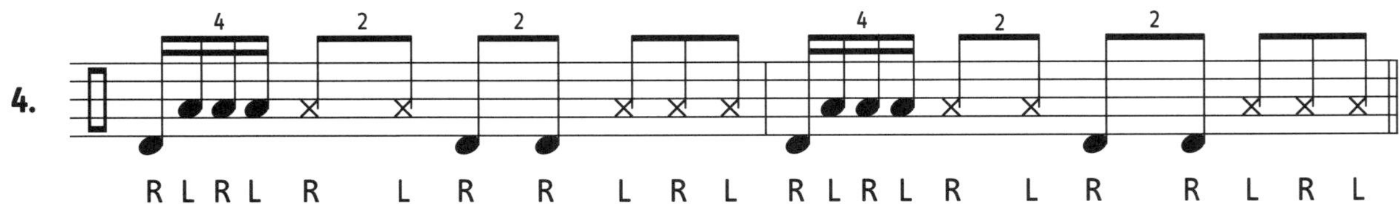

SOLO

„Lolo"

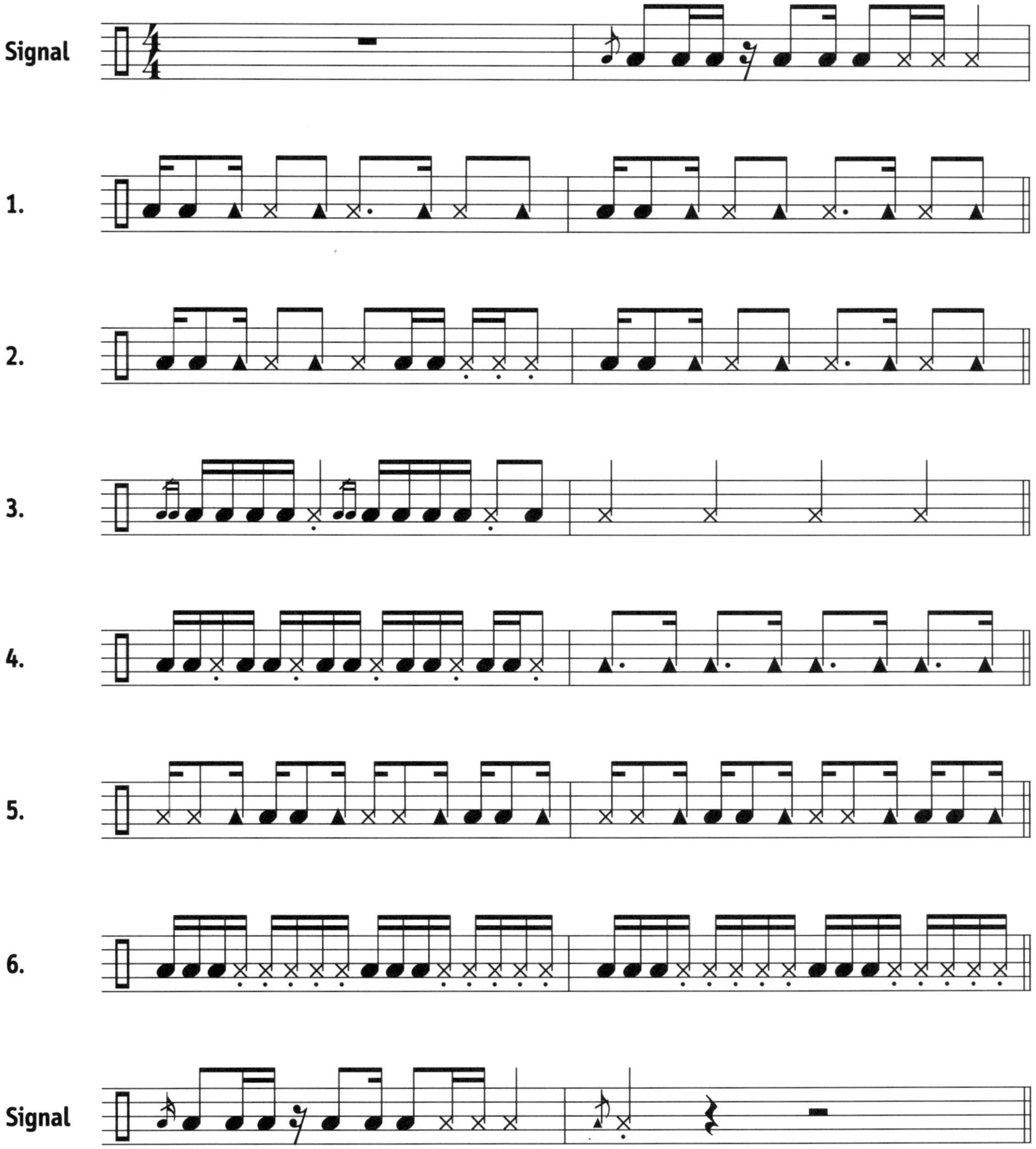

Dies ist ein traditionelles Djembe-Solo aus Guinea, das auch auf der Conga gespielt werden kann.

SOLO
„Timbuktu"

SOLO

„Calypso"

SOLO

„Bembé"

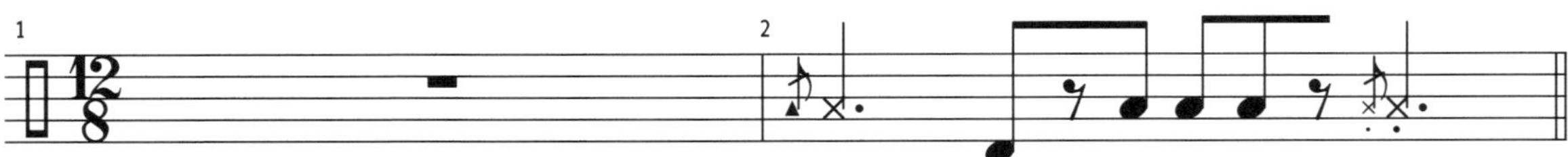

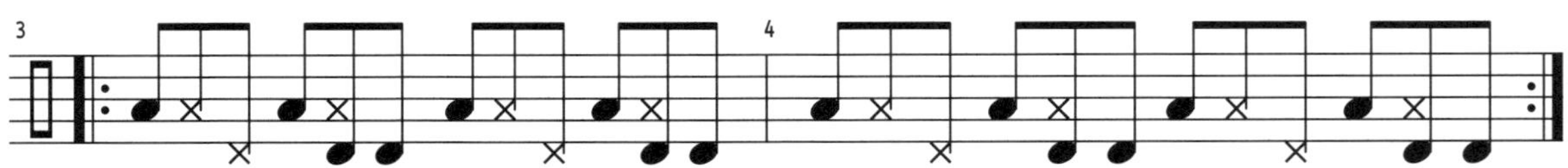

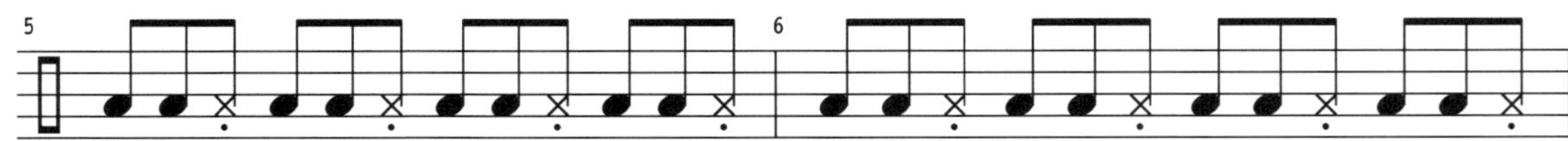

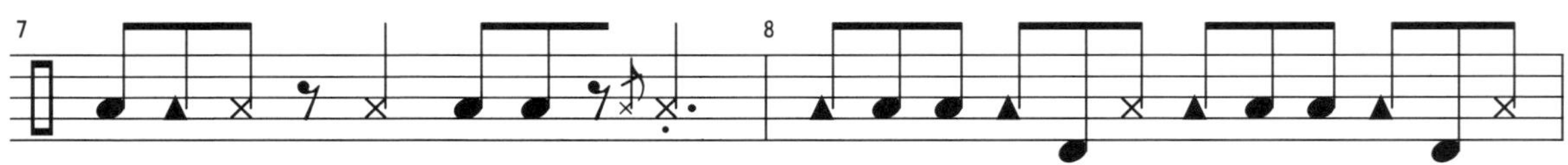

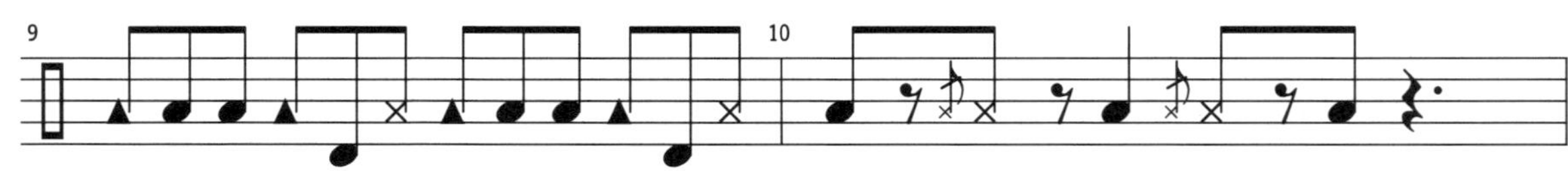

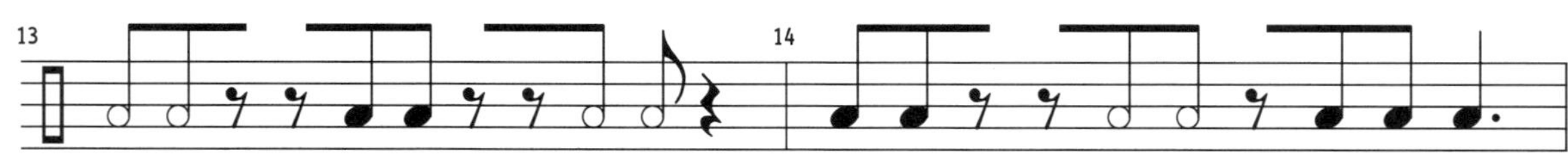

ANHANG

LITERATUR

Die folgenden Bücher sind meine Weiterempfehlungen an alle Percussion-Interessierte:

Rebecca Mauleón: Salsa Guide Book for Piano & Ensemble
Sher Music (USA) 1993
Der Klassiker unter den Salsabüchern. Ein tolles Nachschlage-werk mit zahlreichen Rhythmen und detaillierten Erklärungen zu allen typischen Salsa-Instrumenten und deren Aufgabe in einer Band.

Poncho Sanchez, Chuck Silverman: Conga Cookbook
Cherry Lane Music Company (USA) 2002
Ein schönes Congabuch des Latin-Jazz Congueros, das eine Vielzahl von Cha-Cha-Cha und Mambo-Variationen enthält sowie die Transkription von zwei typischen Poncho-Soli. Dem historischen Aspekt der Congas ist ein eigenes Kapitel gewid-met und abgerundet wird das Ganze mit leckeren Koch-rezepten.

Changuito, Chuck Silverman:
A Masters Approach to Timbales
Manhattan Music (USA) 1998
Einer der großen Meister des Timbalesspiels zeigt afro-cubani-sche Rhythmen und Übungen. Außerdem erfährt man Wis-senswertes über die geschichtliche Entwicklung der Timbales.

Chuck Sher: The Latin Real Book
Sher Music (USA) 1997
Ein vergleichbares Pendant zum Jazz Real Book: Eine Noten-sammlung vieler Latin-Klassiker und auch einiger neuer Stücke.

Clarissa Hinterthaner: Meine kleine Bongo-Schule
AMA Verlag 1998
und
Clarissa Hinterthaner: Meine große Bongo-Schule
AMA Verlag 2001
Beide Bücher sind ein toller Einstieg für trommelbegeisterte Kids. Sie sind schön illustriert, die Noten werden anschaulich erklärt und es macht einfach Spaß, damit zu arbeiten.

Trevor Salloum: The Bongo Book
Mel Bay (USA) 1997
Ein Buch voller Bongo-Rhythmen mit besonderem Schwer-punkt auf Martillo-Variationen.

Peter Giger: Die Kunst des Rhythmus
Schott Verlag 1993
Interessantes Nachschlagewerk zu Notation, Polyrhythmik, ungeraden Takten u.v.m.

Arthur Hull: Drum Circle Spirit
White Cliffs Media (USA) 1998
In diesem Buch gibt es hilfreiche Informationen, wie (große) Percussiongruppen angeleitet und unterrichtet werden kön-nen.

Conny Sommer: Lehrbuch für Cajon
1999
Gut strukturiertes und informatives Cajon-Lehrbuch.

Ursula Branscheid: Djembe
Leu Verlag 1999
Dieses übersichtlich gestaltete Djembe-Lehrbuch enthält außer Noten auch zahlreichen Photos und Hintergrundinfor-mationen rund um's Djembespielen.

CDs

Hier eine bunte Mischung und sehr persönliche Auswahl hörenswerter CDs:

Gloria Estefan: Mi tierra
Sony Music 1993

Poncho Sanchez: Cambios
Concord Records 1991

Poncho Sanchez: Freedom Sound
Concord Picante 1997

David Sanborn: Upfront
Elektra Entertainment 1992

Grover Washington Jr.: The best of ...
Warner Music 1993

Eddie Palmieri: Vortex
RMM Records 1996

Daniela Mercury: Feijao com arroz
Sony Music 1996

Conga Kings: The Conga Kings
Chesky Records 2000

Zap Mama: Seven
Virgin 1997

Giovanni Hidalgo: Worldwide
RMM Records 1993

Rufus and Chaka Khan:
Stompin' at the savoy
Warner Bros. Records 1983

Africando All Stars: Betece
Sonodisc 2000

Richard Bona: Scenes from my life
Col (Sony) 1999

Guem et Zaka: Best of Percussion
Voix D'Afrique 005

Michel Camilo: One more once
Sony Music 1994

Angelique Kidjo: Ayé
Island Records 1994

Mongo Santamaria: Watermelon Man
Music Collection International 1995

Mamady Keita: Nankama
Fonti Musicali 1992

The Crusaders: The Ultimate
Castle Communications 1995

Marilyn Mazur: Future Song
Verabra Records 1992

Los Van Van: Sandunguera
Messidor 1986

Orishas: A lo cubano
EMI Music 1998

Sheila E.: Sex Cymbal
Warner Bros. Records 1991

Patato: Masterpiece
Messidor 1993

Salif Keita: Folon ... The past
Island Records 1995

Celia Cruz: Siempre viviré
Sony Music 2000

Cultured Pearls: Liquefied days
WEA Records 1999

Issac Delgado: Malecón
Happy Hour Records 2001

Incognito: Who needs love
Rice Records 2002

Erykah Badu: Worldwide Underground
Universal Records 2003

EINLEITUNG · BASICS · ÜBUNGEN · RHYTHMEN · ENSEMBLE · KOORDINATION · FILLS | SOLO · ANHANG

DANKE

Zuerst möchte ich allen meinen Schülerinnen und Schülern, sowie meinen Lehrern (besonders Martin Verdonk und Mamady Keita) für die Inspiration und die Motivation zu diesem Buch danken. Für das Vertrauen und die gute Zusammenarbeit danke ich Uwe Sieblitz vom Dux-Verlag, Florian Oestreicher vom Realistic Sound Studio für den guten Sound, sowie Nikola Konstantin für die schönen Photos.

Ein besonderer Dank geht an Tommy Eberhardt, der mir immer wieder mit Anregungen und konstruktiver Kritik weitergeholfen hat. Daniela Prutscher sage ich danke für die hilfreichen Korrekturen. Vielen Dank auch meinen Eltern Melitta und Leo Prutscher und allen anderen, die daran beteiligt waren, dass aus der Idee zu diesem Buch Wirklichkeit wurde.

DIE SOUNDS DER CONGA

Bass 

Open 

Tip 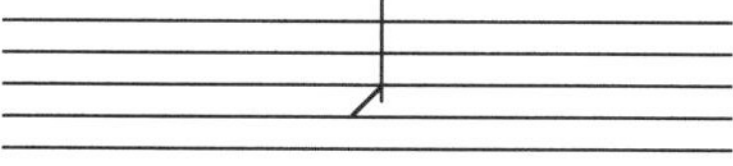

Slap 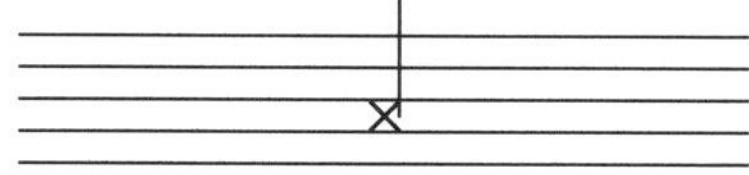

Open Slap 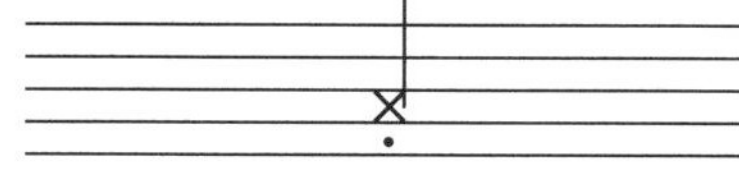

Muffled 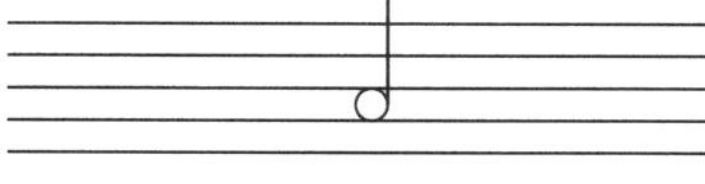

CD-TRACKS